Gesteuerte Wahrheit

1. Auflage September 2025
2. Auflage November 2025

Umschlaggestaltung: Stefanie Beth
Satz und Layout: Mohn Media Mohndruck GmbH, Gütersloh

ISBN: 978-3-98992-130-6

FSC
www.fsc.org
MIX
Papier | Fördert
gute Waldnutzung
FSC® C014496

Gerne senden wir Ihnen unser Verlagsverzeichnis
Kopp Verlag
Bertha-Benz-Straße 10
D-72108 Rottenburg
E-Mail: info@kopp-verlag.de
Tel.: +49 7472 9806-10
Fax: +49 7472 9806-11

Unser Buchprogramm finden Sie auch im Internet unter:
www.kopp-verlag.de

Thomas Röper

Gesteuerte Wahrheit

Wie Politik, NGOs und Geheimdienste westliche Medien lenken

KOPP VERLAG

Inhaltsverzeichnis

Vorwort

Werden die Medien gelenkt?

Die Aussage, dass die westlichen Medien gelenkt werden, also de facto gleichgeschaltet sind, wird von den Medien selbst natürlich als »Verschwörungstheorie« bezeichnet. Überraschend ist das kaum, denn würden sie es zugeben, müssten sie eigentlich dichtmachen. Wäre die Behauptung hingegen falsch, könnten sie diese ja mit Argumenten und Fakten widerlegen. Das tun sie aber nicht, sondern würgen jede Diskussion über dieses Thema mit Kampfbegriffen wie »Verschwörungstheorie« ab.

In diesem Buch will ich den Vorwurf belegen, dass die westlichen Medien gelenkt und keineswegs frei, objektiv, kritisch und regierungsfern sind, und darüber hinaus zeigen, wie diese Lenkung funktioniert und wie sie vor der (westlichen) Öffentlichkeit versteckt und verschleiert wird.

Bevor wir dazu kommen, will ich noch ein paar Worte über meine Quellen sagen. Ich habe in diesem Buch etwa 150 Quellen als Belege angeführt, die zum aktuellen Zeitpunkt alle überprüfbar sind. Allerdings können Internetseiten verändert und sogar ganz gelöscht werden. Sollte es Ihnen also passieren, dass Sie einer Quelle auf den Grund gehen wollen und dabei feststellen, dass dort etwas anderes steht, als ich geschrieben oder wörtlich zitiert habe, dann können Sie das Internetarchiv Wayback Machine (*https://wayback.archive.org/*) benutzen, in dem man auch gelöschte Seiten finden und nachvollziehen kann, wie und wann die betreffenden Internetseiten geändert wurden. Ich habe alle Zitate per Copy and Paste aus den entsprechenden Quellen übernommen, wenn sie heute überhaupt nicht mehr oder nicht mehr in dieser Form aufrufbar sind, wurden die entsprechenden Seiten im Nachhinein verändert.

In einigen Fällen habe ich als Quellen Links zu Artikeln gesetzt, die ich auf meiner Seite *Anti-Spiegel* veröffentlicht habe. Das habe ich immer dann getan, wenn es um Zusammenhänge ging, über die andere Medien nicht berichtet haben, oder wenn die Originalquelle in einer Sprache publiziert wurde, die nicht jeder versteht. Auf meiner Seite habe ich die Originalquellen verlinkt und ihre Aussagen übersetzt.

So viel zur Einleitung, nun wünsche ich eine erhellende Lektüre darüber, wie die Medien im Westen tatsächlich funktionieren.

Die CIA-Operation Mockingbird

Ich behaupte in diesem Buch, dass die westlichen Mainstream-Medien gelenkt werden. Die Frage ist, von wem. Diese Frage ist gar nicht so leicht zu beantworten, denn wie wir sehen werden, sind daran verschiedene Organisationen oder auch »Strömungen« beteiligt, die allerdings alle miteinander in Verbindung stehen. Zu ihnen gehören auch die US-Geheimdienste und die US-Regierung, um die es in diesem Kapitel gehen soll.

Nach dem Zweiten Weltkrieg startete die CIA für die US-Regierung die Operation Mockingbird, auf welche die verdeckte Steuerung angeblich freier, kritischer, objektiver und regierungsferner Medien vermutlich zurückgeht. Denn im Zuge der Operation Mockingbird baute die CIA ein System auf, das dafür sorgte, dass die angeblich unabhängigen westlichen Medien genau das berichteten und unterstützten, was die CIA und die US-Regierung wollten. Dies ist keine Verschwörungstheorie, sondern wurde Mitte der 1970er-Jahre öffentlich bekannt und von der CIA bestätigt.

Bestraft wurde für diese von der CIA durchgeführte Manipulation der Medien und folglich der öffentlichen Meinung im Interesse der US-Regierung (natürlich) niemand. Das Programm lief offensichtlich weiter, sodass die Beeinflussung der westlichen Medien durch die US-Regierung bis heute andauert, wenn auch – wie wir sehen werden – in einer etwas veränderten Form.

Wie kam die CIA-Operation Mockingbird ans Licht? Die ersten Informationen über sie wurden 1975 publik, als der Fall von der Sonderkommission Church Committee aufgegriffen wurde, deren Aufgabe es war, Fälle von Machtmissbrauch durch die CIA und das FBI zu untersuchen.

Der Grund für die Einsetzung dieser Kommission war Watergate – jener Skandal, der Nixon 1972 die Präsidentschaft kosten sollte. Dabei ging es kurz gesagt darum, dass Präsident Richard Nixon die Büros seiner politischen Gegner illegal abgehört hatte, was zu diversen Untersuchungen führte, in deren Verlauf man auch auf die CIA-Operation Mockingbird stieß.

Mit dieser Operation zielte die CIA darauf ab, die Narrative und Berichterstattung der westlichen Medienberichterstattung und damit die öffentliche Meinung zu kontrollieren. Freie, kritische und objektive Medien waren unerwünscht.

Interessant ist, dass die Operation Mockingbird in Geschichtsbüchern nicht erwähnt wird, auf *Wikipedia* nur sehr kurze Einträge hat und von den westlichen Medien schnell wieder vergessen wurde, obwohl sie ein handfester Skandal war, der im Grunde weitaus schlimmer war als Watergate, den bis heute fast jedes Schulkind kennt.

Mit der Veröffentlichung von Carl Bernsteins Artikel »Die CIA und die Medien«[1] in der Zeitschrift *Rolling Stone* im Jahr 1977 kamen neue Details über die Operation Mockingbird ans Licht. Bernstein war ein prominenter Journalist der *Washington Post*, der während des Watergate-Skandals eine Reihe von investigativen Artikeln veröffentlicht hatte, in denen er aufdeckte, dass Nixon wusste, dass die Operation Watergate mithilfe seiner Wahlkampfgelder finanziert wurde und dass diese Episode nur eine von vielen verdeckten und illegalen Operationen war, mit denen Nixons innerer Kreis versucht hatte, seine Wiederwahl zu sichern.

In seinem Artikel zitiert Bernstein einen CIA-Agenten wie folgt:

> Ein Journalist ist mehr wert als zwanzig Agenten: Er hat Zugang und die Möglichkeit, Fragen zu stellen, ohne Verdacht zu erregen.

In den 1950er-Jahren hatte die CIA ein offizielles Trainingsprogramm, um ihre Agenten zu Journalisten auszubilden, wenngleich die meisten, die an der Operation Mockingbird beteiligt waren, bereits erfahrene Journalisten waren.

Bernstein behauptet, dass seit dem Ende des Zweiten Weltkriegs etwa 400 amerikanische Journalisten unter dem Kommando des US-Geheimdienstes standen. Einige von ihnen waren sogar Pulitzer-Preisträger, also angesehene Reporter, die sich als Botschafter ihres Landes verstanden. Mit Zustimmung der Chefetagen amerikanischer Medien wurden sie für CIA-Aufträge eingesetzt.

Aus den von Bernstein zitierten CIA-Dokumenten geht hervor, dass leitende CIA-Mitarbeiter in den meisten Fällen in direktem Kontakt mit Medienvertretern standen. Einige Journalisten unterzeichneten sogar Geheimhaltungsvereinbarungen mit der CIA. Ihre Haupttätigkeiten waren die Anwerbung von Ausländern, das Sammeln von Informationen und natürlich die Verbreitung von Desinformationen.

Diese Journalisten stellten im Auftrag der CIA beispielsweise folgende Fragen an Ausländer:[2]

> Würden Sie uns einen Gefallen tun? Wir haben gehört, dass Sie in Jugoslawien sein werden. Sind dort alle Straßen gepflastert? Wo haben Sie Flugzeuge gesehen? Gab es irgendwelche Anzeichen einer militärischen Präsenz? Wie viele Sowjets haben Sie gesehen? Wenn Sie das Glück haben, einen Sowjetmenschen zu treffen, erkennen Sie seinen Namen und sprechen Sie ihn richtig aus. […] Können Sie ein Treffen mit einem Sowjetmenschen arrangieren? Oder eine Nachricht schicken?

Bernstein behauptet, dass die CIA 1973 die Zahl der Journalisten zwar reduzierte, aber einige weiterhin im Ausland tätig waren. Er veröffentlichte eine Liste von führenden Journalisten und Medien, die damals mit dem US-Geheimdienst zusammengearbeitet hatten:

- William Paley vom Columbia Broadcasting System
- Henry Luce von Time Inc.
- Arthur Hays Sulzberger von der *New York Times*
- Barry Bingham Sr. vom *Louisville Courier Journal*
- James Copley von Copley News Service
- Jerry O'Leary vom *Washington Star*
- Hal Hendricks von *Miami News Times*
- American Broadcasting Company
- National Broadcasting Company
- United Press
- United Press International
- Reuters
- Hearst Corporation
- Scripps Howard Company
- *Newsweek*
- Mutual Broadcasting System
- *The Miami Herald*
- *Saturday Evening Post*
- *New York Herald Tribune*

Zu den wichtigsten zählte er die *New York Times*, das Hörfunk- und Fernsehnetzwerk Columbia Broadcasting System (CBS) sowie das Medienunternehmen Time Inc. und ging näher auf sie ein. Übrigens gilt die *New York Times* unter Experten bis heute als sehr eng an die US-Geheimdienste angebunden.

Angefangen hat Bernstein mit der *New York Times*. Er bezeichnete diese Zeitung als die wertvollste von allen. Ein hochrangiger CIA-Beamter, der am 15. September 1977 2 Stunden damit zugebracht hatte, einen Teil der CIA-Journalistenakten durchzusehen, sagte, er habe

Dokumente über fünf Fälle von CIA-Agenten gefunden, die zwischen 1954 und 1962 für die *New York Times* gearbeitet hätten. Er untersuchte auch das CBS, das er als den »ergiebigsten Geheimdienst« bezeichnete.

1976, nachdem das Church Committee die Existenz der Operation Mockingbird aufgedeckt hatte, initiierte der neue CBS-Präsident Richard Salant eine interne Untersuchung des CBS. Dabei kam heraus, dass der frühere CBS-Präsident William Paley mit dem Geheimdienstchef Allen Dulles zusammengearbeitet hatte. In den Akten von Mickelson, dem Präsidenten der CBS News von 1954 bis 1961, fanden die Ermittler viele Details über die Verbindungen vom CBS zur CIA. So stießen sie unter anderem auf ein Memo von Ted Koop, dem Washingtoner Nachrichtenchef des CBS von 1948 bis 1961, an Mickelson vom 13. September 1957, das einen Anruf von Colonel Stanley Grogan von der CIA an Koop schildert:[3]

> Grogan rief an und sagte, Reeves [J. B. Love Reeves, ein weiterer CIA-Offizier] würde nach New York gehen, um das CIA-Kontaktbüro zu leiten, und Sie und einige Ihrer Kollegen treffen. […] die normalen Geschäfte würden weiterhin über das Washingtoner Büro von CBS News abgewickelt.

Die Magazine *Time* und *Newsweek* waren die Nächsten. Allen Dulles bediente sich häufig der Hilfe des Gründers von *Time*, des 1976 schon verstorbenen Henry Luce, der einige seiner Mitarbeiter bereitwillig für die CIA arbeiten ließ und anderen CIA-Mitarbeitern, die keine journalistische Erfahrung hatten, Jobs und Referenzen verschaffte. In den 1950er- und frühen 1960er-Jahren nahmen Auslandskorrespondenten des *Time Magazine* an »Briefings« der CIA teil.

Als 1976 der spätere US-Präsident George Bush senior zum CIA-Direktor ernannt wurde, gab die CIA noch an demselben Tag bekannt, sie würde keine bezahlten oder vertraglichen Beziehungen mehr zu Nachrichtenkorrespondenten unterhalten, die für amerikanische Zeitungen, Zeitschriften, Radio- und Fernsehsender tätig waren. Diese Maßnahme betraf jedoch weniger als die Hälfte der US-Journalisten, die damals mit der CIA zusammenarbeiteten. Hingegen würde sie die freiwillige und unbezahlte Zusammenarbeit mit Journalisten weiterhin begrüßen. Natürlich blieben viele Kontakte bestehen, und es änderte sich eigentlich nichts.

Die CIA setzte Journalisten aus zwei Gründen für nachrichtendienstliche Zwecke ein: Erstens eignet sich die Arbeit von Journalisten hervorragend als Tarnung von Spionage, denn es ist der Job von Journalisten, neugierige Fragen zu stellen und Kontakte zu knüpfen, ohne dass dies auffallen würde. Zweitens hatte die CIA, nachdem Mockingbird bekannt wurde, viele bisherige Quellen wie Unternehmen, Stiftungen und Bildungseinrichtungen, die zuvor mit ihr zusammengearbeitet hatten, verloren.

Bernstein zitierte einen hochrangigen CIA-Beamten in seinem Artikel:[4]

> Es ist schwierig, in diesem Land einen Geheimdienst zu führen. Um im Ausland operieren zu können, brauchen wir Tarnung. Aber wir haben Schwierigkeiten, diese zu gewähren. […] Ein Journalist ist zwanzig Agenten wert: Er hat Zugang und die Möglichkeit, Fragen zu stellen, ohne Verdacht zu erregen.

Als die verdeckten Aktivitäten von Journalisten im Dienst der CIA 1976 ans Licht kamen, beschloss der Geheimdienstausschuss des Senats, das bereits erwähnte Church Committee, keine Journalisten, Redakteure und Verleger, die mit der CIA zusammengearbeitet hatten, zu befragen, obwohl zahlreiche Beweise für ihre Beteiligung an Geheimdienstaktivitäten vorlagen. Diese Entscheidung fiel inmitten einer Auseinandersetzung mit der CIA, die aktiv versuchte, die Untersuchung zu drosseln.

Als William B. Bader, der die Untersuchung leitete, versuchte, mehr Informationen von der CIA – insbesondere über die laufenden Verbindungen der CIA zu Journalisten – zu erhalten, stieß er auf heftigen Widerstand. Bush und andere hochrangige CIA-Beamte überredeten die Mitglieder der Kommission, die Untersuchung einzuschränken und ihre Ergebnisse im Abschlussbericht zu verschweigen. Sie warnten davor, eine Veröffentlichung würde dem Ansehen der Journalisten schaden, die in ihren Augen die einzigen verlässlichen Quellen des öffentlichen Vertrauens blieben, und könnte sogar zu einem Skandal und zu Verratsvorwürfen führen.

Wir sehen also, dass schon während der sogenannten Untersuchung des Church Committee Vertuschungsmanöver einsetzten und dass die Aufklärungsarbeit nicht sonderlich ernst gemeint war.

Der Ausschussvorsitzende Bader zeigte sich zufrieden mit der Entscheidung und kündigte an, ein neuer Ausschuss würde die Untersuchungen fortsetzen. Seiner Meinung nach wäre es unfair gewesen, die Namen der Journalisten zu veröffentlichen, da viele von ihnen freiwillig mitgearbeitet hätten, da sie dies als Dienst an der Nation betrachtet hätten. Ein CIA-Beamter sagte im Zuge der Anhörungen aus, dass die Akten Übertreibungen von CIA-Offizieren enthielten, die dazu dienten, ihre Arbeit in ein gutes Licht zu stellen. Vielen Journalisten sei es möglicherweise auch gar nicht bewusst gewesen, dass die CIA sie als ihre Agenten betrachtete. Dieses Argument lieferte der Kommission einen Vorwand, keine genauere Untersuchung durchzuführen.

Schließlich beschloss die Kommission, die Ergebnisse ihrer Untersuchung über die Beziehungen der CIA zu Journalisten nicht zu veröffentlichen. Die aufgedeckten Fakten wurden also sowohl dem Geheimdienstausschuss als auch dem Senat und der Öffentlichkeit bewusst vorenthalten. Dies geschah aus Angst vor undichten Stellen, die das Vertrauen der CIA in die Kommission zu untergraben und den Informationsfluss zu stoppen drohten. Folglich spiegelte der Abschlussbericht der Kommission nicht das vollständige Bild des Einsatzes von Journalisten durch die CIA wider.

1976 erstellte das Church Committee dann zusammen mit verschiedenen Ausschüssen den »Final report of the Select Committee to Study Governmental Operations with Respect to Intelligence Activities, United States Senate« (Schlussbericht des Kleinen Ausschusses zur Untersuchung von Regierungsoperationen im Zusammenhang mit nachrichtendienstlichen Tätigkeiten für den US-Kongress).[5] Auf den Seiten 191–201 dieses Berichts wird beschrieben, wie die CIA US-amerikanische und ausländische Medien infiltriert hat, um die Öffentlichkeit falsch zu informieren:

> Die CIA unterhält derzeit ein Netzwerk von Hunderten von Personen auf der ganzen Welt, die die CIA mit Informationen versorgen und im richtigen Moment versuchen, die öffentliche Meinung durch verdeckte Propaganda zu verändern. Diese Personen verschaffen der CIA direkten Zugang zu einer großen Anzahl von Zeitungen und Zeitschriften sowie von Pressebüros und Nachrichtenagenturen, Fernseh- und Radiosendern, kommerziellen Verlagen und anderen ausländischen Medien.

Nach Schätzung des Berichts kostete die Desinformation der Weltöffentlichkeit den US-amerikanischen Steuerzahler im Jahr 1976 jährlich etwa 265 Millionen Dollar, was damals eine gigantische Summe war.

Wie nicht anders zu erwarten, fand eine wirkliche Aufklärung und Aufarbeitung des Skandals, dass die angeblich freien und kritischen Medien im Auftrag der CIA arbeiteten, nicht statt, und natürlich wurde auch niemand bestraft. Letzteres ist ein deutlicher Hinweis darauf, dass die Operation in veränderter Form fortgesetzt wurde. In welcher Form dies geschah, werden wir noch sehen.

Und es überrascht auch nicht, dass die angeblich freien und kritischen westlichen Medien keine Aufklärung forderten, denn sie waren ja selbst Teil des Skandals. Hätten sie nachgebohrt, hätten sie sich im Ergebnis selbst diskreditiert. Und das wollten sie natürlich nicht. Folglich verschwand der Skandal, der zufällig als »Abfallprodukt« der Watergate-Untersuchungen ans Licht gekommen war, schnell wieder aus der Öffentlichkeit.

Ich habe dieses Kapitel mit der Frage begonnen, wie der Skandal ans Licht kam, um zu zeigen, dass all das wahr und unbestritten ist. Nun kommen wir zur **Chronologie** und schauen uns die **Anfänge der Operation Mockingbird** an.

Während des Zweiten Weltkriegs unterhielten die anglo-amerikanischen Streitkräfte die sogenannte Psychological Warfare Division zur psychologischen Kriegsführung gegen Deutschland, die aus Personal der britischen Political Warfare Executive (PWE, der politischen Kriegsführungsexekutive), des Office of Strategic Services (OSS, des Amts für strategische Dienste) und des United States Office of War Information (OWI, des Amts für Kriegsinformationen der Vereinigten Staaten) aufgestellt wurde. Unter diesen sollte man besonderes Augenmerk auf das OSS legen, denn dieser Nachrichtendienst war eine Vorgängerorganisation der CIA.

Neben der psychologischen Kriegsführung gegen die deutsche Wehrmacht war die Psychological Warfare Division auch für die proamerikanische Propaganda in den besetzten Gebieten verantwortlich. Es ist also nicht verwunderlich, dass die CIA mit deren Gründung praktisch auch die Operation Mockingbird startete, denn ein Teil des hierfür eingesetzten CIA-Personals kam aus dem Propagandabereich und war sich bewusst, wie wichtig die Beeinflussung der öffentlichen Meinung durch die von ihnen kontrollierten Medien war.

Nach dem Krieg wurde die Psychological Warfare Division in Information Control Division (ICD, Abteilung zur Informationskontrolle) umbenannt. Die ICD war die Zensurabteilung der amerikanischen

Besatzungszone in Deutschland, die offiziell das Ziel verfolgte, Deutschland nach dem Zweiten Weltkrieg zu »redemokratisieren«. Da das Wort »Umerziehung« – die deutsche Übersetzung des englischen Begriffs *reeducation* – in Deutschland jedoch von vielen als negativ empfunden wurde – denn wer will schon (gegen seinen Willen) umerzogen werden? –, wird für diese Intention heute zumeist der englische Ausdruck verwendet.

In den Geschichtsbüchern lernen die Deutschen, diese Umerziehung zu Demokraten sei etwas Positives gewesen. In Wirklichkeit verfolgte sie aber nicht nur das Ziel, die nazistische Ideologie zu bekämpfen und Deutschland zu demokratisieren, sondern hatte auch den Kampf gegen kommunistische und sozialistische Ideen im Fokus.

Dieser Kampf war aus Sicht der USA bitter nötig, denn in Frankreich und Italien gab es starke sozialistische Tendenzen, und die CIA musste massiv mit Geld, organisatorischer Hilfe und einigen schmutzigen Tricks eingreifen, um bei den ersten Wahlen nach dem Krieg den Sieg der kommunistischen Parteien in Europa zu verhindern. Und auch in Deutschland waren sozialistische Ideen durchaus populär, beispielsweise in der SPD, die damals eine ganz andere Partei war als heute.

So wollte die SPD nach dem Krieg weder eine Teilung Deutschlands noch eine Westbindung der Bundesrepublik, sondern tendierte dazu, Stalins Angebot einer Wiedervereinigung Deutschlands als neutralen und blockfreien Staat anzunehmen. Österreich hatte dieses Angebot damals akzeptiert und war daher während des Kalten Kriegs nicht Teil des Westens, sondern genauso wie die Schweiz ein neutrales Land. Dasselbe hätte die damalige SPD gerne für Deutschland erreicht. Die USA aber waren vehement dagegen, denn dies hätte ihren Einfluss in Europa verringert, weshalb die USA Adenauer und seine CDU unterstützten, die sich für die bedingungslose Westbindung – also die Fortsetzung der Besatzung durch die USA – einsetzten.

Vor diesem Hintergrund ging es bei der Umerziehung der Deutschen durch die USA nicht in erster Linie darum, die deutsche Bevölkerung in Demokraten zu verwandeln, sondern darum, sie zu Anhängern des US-amerikanischen Wirtschafts- und Politiksystems zu machen. Und um die öffentliche Meinung in die gewollte Richtung zu lenken, mussten die USA natürlich die deutschen Medien kontrollieren können.

Zu den Zielen der Operation Mockingbird gehörten unter anderem die Förderung der Interessen von US-Unternehmen und des amerikanischen Kapitalismus allgemein sowie der Ausbau der internationalen Macht der USA – und zwar gegen den Kommunismus und die Sowjetunion. Dass die Operation Mockingbird mit ihrem Einfluss auf deutsche Medien Teil der langfristig angelegten Umerziehungsstrategie der Deutschen war, zeigt auch, dass es dabei nicht um das edle Ziel des Kampfes gegen die Naziideologie ging, sondern um die Amerikanisierung der Europäer.

Zu den aufgedeckten Propagandaoperationen im Zuge der CIA-Operation Mockingbird gehörten

- die Bezahlung von Journalisten für das Verfassen proamerikanischer Artikel für ausländische Nachrichtenagenturen,
- die Veröffentlichung und der Vertrieb von Büchern und Zeitschriften, die die Ansichten der CIA vertraten und in Dutzende Sprachen übersetzt wurden,
- die Nutzung von Tarnorganisationen, um ausländische Journalisten für die Abfassung von Geschichten anzuwerben, die dann von der CIA platziert wurden,
- die Platzierung falscher oder übertriebener Geschichten, in denen kommunistische Länder und die Sowjetunion als gefährlich, aggressiv oder kurz vor dem Zusammenbruch stehend dargestellt wurden,

- die Fälschung von Dokumenten und Briefen, um die öffentliche Meinung und politische Entscheidungen zu beeinflussen
- sowie das Platzieren proamerikanischer Propaganda direkt bei Nachrichtenagenturen, deren Meldungen die Grundlage für Medienberichte sind.

Der Umfang und das Ausmaß der CIA-Propaganda durch die Operation Mockingbird waren sowohl innerhalb der USA als auch im Ausland bis dahin beispiellos gewesen. So sorgte die CIA beispielsweise dafür, dass nach dem Krieg allein in Deutschland rund 5000 Bücher erschienen, die der Umerziehung des deutschen Volkes dienten.

Auch die Filmfabrik Hollywood, deren Filme nach dem Zweiten Weltkrieg endgültig ihren weltweiten Siegeszug antraten, war mit im Spiel. So schildert ein CIA-Memo aus dem Jahr 1952 einen Deal mit dem Auswärtigen Ausschuss des Repräsentantenhauses zur Produktion eines Comics, in dem die CIA als heldenhafte Verteidigerin US-amerikanischer Werte dargestellt wurde.[6]

Die proamerikanische Propaganda, die die US-Regierung mithilfe der Operation Mockingbird und weiterer Projekte (wie beispielsweise des ebenfalls unter Beteiligung der CIA gegründeten staatlichen US-Auslandssenders Radio Free Europe) hinter den Kulissen betrieb und betreibt, war und ist bis heute allumfassend. Sie schließt ebenso die Beeinflussung der vermeintlich unabhängigen westlichen Medien wie die Produktion von Filmen und Büchern ein, welche die Aufgabe haben, die USA und ihr System zu bewerben.

Aber kommen wir zu Deutschland zurück. Nach dem Krieg waren freie Medien verboten, es herrschte Zensur. Wer eine Zeitung gründen wollte, musste sich bei den Besatzungsmächten eine Lizenz holen und, um diese zu bekommen, in deren Sinn berichten. Folglich sind praktisch alle Medien, die heute in Deutschland die öffentliche Meinungsbildung anführen, während der Besatzungszeit in Westdeutschland gegründet worden. Sie alle sind »Kinder« der US-amerikanischen oder britischen Besatzungsmächte.

Als die Lizenzpflicht in Westdeutschland am 21. September 1949 aufgehoben wurde, versuchten die Verleger aus der Zeit der Weimarer Republik, deren Zeitungen von den Alliierten verboten worden waren, diese neu zu gründen. Doch diese Simulation der freien Presse dauerte nicht lange an, denn die Lizenzzeitungen waren früher auf dem Markt aufgetaucht als die Neugründungen und hatten damit einen entscheidenden Wettbewerbsvorteil. Sie vermochten sich in der Regel gegen spätere Gründungen durchzusetzen.

Schauen wir uns **einige Beispiele deutscher Medien an, deren Gründung auf die Besatzungsmächte zurückgeht.**

Seit November 1946 erschien in der britischen Besatzungszone die Zeitung *Diese Woche,* die am 4. Januar 1947 in *Der Spiegel* umbenannt wurde. *Der Spiegel* stand unter der Ägide der britischen Militärverwaltung. Nach Abschaffung der Lizenzpflicht gab es dort aber keine nennenswerten personellen Veränderungen mehr, die dafür gesorgt hätten, dass die unter britischem Einfluss stehenden Redakteure gegen unabhängige Redakteure ausgetauscht wurden. Die erste Zeitung, die von den US-Besatzern in Bayern eine Lizenz erhielt, war die *Süddeutsche Zeitung*, deren erste Ausgabe am 6. Oktober 1945 erschien. Wie *Der Spiegel* hielt auch die *Süddeutsche Zeitung* nach dem Ende der Lizenzpflicht an ihren von der Besatzungsmacht ausgesuchten Redakteuren fest.

1946 wurde Werner Friedmann der vierte Lizenzträger dieser Zeitung und nach Aufhebung der Lizenzpflicht von 1951 bis 1960 Chefredakteur, worüber *Der Spiegel* 1960 einen lesenswerten Artikel veröffentlicht hat. Darin erfährt man, dass Werner Friedmann »nach dem Kriege mit amerikanischen Besatzungsherren gut befreundet« gewesen ist und die Staatsanwaltschaft gegen ihn wegen des Sexualdelikts »Unzucht mit Abhängigen« ermittelte.[7]

Damals war die Nazivergangenheit einiger Redakteure der *Süddeutschen Zeitung* für die deutschen Medien noch kein Thema.

Erst 2015, also mit über 60 Jahren Verspätung, berichtete sie selbst unter der Überschrift »Wie die junge SZ mit Nazi-Verstrickungen umging«[8] darüber, dass in ihrer Frühphase mehrere führende Köpfe in das NS-Regime verstrickt waren, darunter Mitherausgeber Franz Josef Schöningh, Chefredakteur Hermann Proebst und Innenpolitikchef Hans Schuster.

So sah also die »Umerziehung« der Deutschen durch die Amerikaner aus: Sie durfte auch von Altnazis übernommen werden, wenn diese kräftig genug für das politische und wirtschaftliche System und die Interessen der USA trommelten. Auch dies beweist, dass es nicht in erster Linie um den Kampf **gegen** die Naziideologie ging, sondern vor allem um den Kampf **für** die US-amerikanische Ideologie.

Die Zeit geht ebenfalls auf die Besatzungsmächte zurück. Ihre erste Ausgabe erschien am 21. Februar 1946 als Blatt der sogenannten Lizenzpresse und wurde »unter Zulassung Nr. 6 der Militärregierung« der Briten veröffentlicht. Und wie die anderen Blätter führte auch *Die Zeit* nach der Aufhebung der Lizenzpflicht keine nennenswerten Personalveränderungen durch, die darauf hätten schließen lassen, dass sich das Blatt von der politischen Linie, welche die britische Besatzungsmacht vorgab, emanzipiert hätte.

Dasselbe gilt für die *Frankfurter Rundschau*, die auf Veranlassung der US-amerikanischen Besatzungsmacht und durch die Überreichung der Zulassungsurkunden durch General Robert McClure, den Kommandanten der Abteilung für die Nachrichtenkontrolle der US-Armee, am 1. August 1945 gegründet wurde. Und worum es den USA bei der »Umerziehung« der Deutschen in Wahrheit ging, lässt sich auch am Beispiel der *Frankfurter Rundschau* ablesen.

Nachdem Wilhelm Karl Gerst zunächst zu denen gehört hatte, die eine Lizenz für den Betrieb der *Frankfurter Rundschau* bekommen hatten, wurde sie ihm im Oktober 1946 wegen angeblicher Parteinahme für den Nationalsozialismus in den Jahren 1933/1934 »ungeachtet des für ihn günstigen Ausganges«[9] des Verfahrens wieder entzogen.

Er hatte einen Fehler anderer Art gemacht, denn er setzte sich für die deutsche Wiedervereinigung ein, weshalb er dafür warb, die neu gegründete SED, die spätere Regierungspartei der DDR, auch in Westdeutschland zuzulassen. Erneut zeigt sich, dass es den USA bei ihrer *reeducation* nicht in erster Linie um den Kampf gegen die Naziideologie ging.

Die Liste ließe sich fortsetzen, denn praktisch alle heute führenden deutschen Medien sind Kinder der anglo-amerikanischen Besatzer, die damals mit der CIA-Operation Mockingbird und anderen Projekten die Herrschaft über die Berichterstattung der westlichen Medien übernommen hatten.

Zum Abschluss dieses Kapitels möchte ich ein aktuelles Beispiel dafür zeigen, wie die **US-Geheimdienste bis heute Journalisten als Spione** einsetzen. Im März 2023 wurde Evan Gershkovich, der als Journalist des *Wall Street Journal* in Moskau arbeitete, wegen Spionagevorwurfs verhaftet. Die Verhaftung war in Jekaterinburg erfolgt, wo er nach seinen Angaben Recherchen zur Wagner-Gruppe durchführte.

Westliche Politiker und Medien schrien auf, es sei ein Unding, einen Journalisten zu verhaften, und die russischen Vorwürfe, Gershkovich habe unter dem Deckmantel eines Journalisten für die US-Geheimdienste spioniert, seien absurd.[10]

Wenn wir uns aber daran erinnern, in welch hohen Tönen die CIA früher die Vorzüge des Einsatzes von Journalisten als Spione anpries, weil sich journalistische Arbeit hervorragend als Tarnung eignet, erscheint dieser Fall in einem ganz anderen Licht.

Damit will ich Gershkovich, der inzwischen ausgetauscht wurde und in die USA zurückgekehrt ist, keineswegs vorverurteilen, sondern nur sagen, dass es scheinheilig von den westlichen Medien ist, generell zu bestreiten, dass Journalisten als Spione westlicher Geheimdienste eingesetzt werden. Und die Frage, was Gershkovich in unmittelbarer Nähe einer geheimen russischen Militärbasis getan hat, wo er verhaftet wurde, bleibt offen.

Dass für die Operation Mockingbird niemand bestraft wurde, obwohl dabei US-Gesetze gebrochen wurden, ist ein klarer Hinweis darauf, dass die Operation keineswegs eingestellt worden, sondern weitergelaufen ist, wenn auch mit anderen Methoden und Mitteln. Zu der Frage, welche Belege es dafür gibt und wie dies geschah, kommen wir noch.

Doch eines können wir hier bereits festhalten: Es ist keine Verschwörungstheorie, dass westliche Regierungen und Geheimdienste die angeblich unabhängigen westlichen Medien lenken wollen und das auch tun. Das hat die Operation Mockingbird im Falle der USA und ihrer Geheimdienste unbestreitbar gezeigt.

Abschließend habe ich noch eine Frage: Was sollte man nach einem solchen Skandal, bei dem die CIA nichts weniger versucht hat, als die gesamte politische Berichterstattung der westlichen Medien zu lenken, von kritischen und regierungsfernen Medien erwarten können?

Man sollte erwarten können, dass sie darüber berichten und ihr Publikum – auch selbstkritisch – informieren. Die westlichen Medien tun jedoch das Gegenteil: Sie verschweigen den Skandal. Wer das nicht glaubt, möge beispielsweise im Archiv des *Spiegels* den Suchbegriff »Mockingbird« eingeben und wird feststellen, dass es dort keinen einzigen Artikel darüber gibt.

Nachfolger

Dass die westlichen Medien auch nach dem Ende der Operation Mockingbird noch unter Kontrolle und auf Anweisung der US-Regierung arbeiten, will ich als Einleitung zu diesem Kapitel an einem Beispiel belegen, bevor wir uns anschauen, wie und über welche Organisationen das in der Regel passiert.

In Russland gibt es zwei Aktivisten mit dem Künstlernamen »Vovan und Lexus«, die dafür bekannt sind, berühmten Menschen Telefonstreiche zu spielen und diese dann zu veröffentlichen. Angefangen haben die beiden mit russischen Stars und Sternchen, um dann aber ihren Fokus allmählich auf Menschen aus Politik und Wirtschaft zu lenken – und zwar meist bekannten Menschen aus dem Westen.

Als die USA Anfang 2019 versuchten, den venezolanischen Präsidenten Nicolás Maduro zu stürzen und den von den USA finanzierten Putschisten Juan Guaidó zum venezolanischen Präsidenten zu machen, verhängten sie massive Sanktionen gegen Venezuela und unternahmen Anstrengungen, weltweit venezolanische Bankguthaben einzufrieren. In dieser Situation ist es den russischen Spaßvögeln gelungen, Elliott Abrams anzurufen, der damals im US-Außenministerium für den Kampf gegen Maduro und die Suche nach venezolanischen Geldern zuständig war. Sie gaben sich in dem Telefonat als »Schweizer Präsident« aus, und Abrams fiel darauf herein.

Darin informierte der »Schweizer Präsident« Abrams über venezolanische Guthaben bei einer Schweizer Bank, die man nicht blockieren könne, weil das Geld vollkommen legal sei. Man wolle »die Demokratie« in Venezuela ja gerne unterstützen, aber für die Sperrung der Konten brauche man einen Vorwand. Abrams war Feuer und Flamme, das venezolanische Geld nicht nur auf den Konten einzufrieren, sondern am besten direkt an den Putschisten Guaidó zu überweisen. Der »Schweizer Präsident« war damit einverstanden, wandte aber ein, das Geld sei »sauber« und für das Einfrieren der Konten fehle eine juristische Handhabe. Daraufhin fragte Abrams, was der »Schweizer Präsident« denn brauche, und die Antwort war: »Informationen, dass diese Gelder mit kriminellen oder anderen illegalen Mitteln erhalten wurden«.

Für Abrams, der für seine Verwicklung in den Iran-Contra-Skandal der 1980er-Jahre zu einer Haftstrafe verurteilt worden und folglich nicht gerade als skrupelhaft bekannt ist, war das kein Problem. Man vereinbarte, die Details per Mail zu klären, und dann bot Abrams eine Veröffentlichung bei Bloomberg an, die »Geldwäsche« durch Maduro aufdecken würde, damit die Schweiz rechtlich vorgehen könne.

Bevor der Bloomberg-Artikel am 25. Februar 2019 unter der Überschrift »Maduro May Hold Millions in Beidilda Fund, Opposition Says« (Maduro hält laut Opposition möglicherweise Millionen im Baidilda-Fonds) erschien, schickte ihn Abrams an den »Schweizer Präsidenten« (alias die russischen Spaßvögel), damit er noch Korrekturen vornehmen könne. Das Problem war nur, dass das, was die russischen Jungs dem US-Außenministerium an Informationen über das angeblich venezolanische Geld auf einem Schweizer Bankkonto für den Bloomberg-Artikel gemailt hatten, frei erfunden war. Es gab weder die fragliche Schweizer Bank noch den Fonds, dem das Geld gehören sollte.

Doch das US-Außenministerium ebenso wenig wie Bloomberg haben sich die Mühe gemacht, irgendetwas zu überprüfen. Das US-Außenministerium glaubte dem »Schweizer Präsidenten« blind, und Bloomberg veröffentlichte den Text, den es vom US-Außenministerium bekommen hatte, als Eigenrecherche.

Ein paar Tage später, Anfang März 2019, ließen die Prankster die Bombe platzen und veröffentlichten die Telefonate und die E-Mail-Korrespondenz mit Abrams. Das war für die US-Regierung natürlich peinlich. Westliche Medien berichteten zwar nicht darüber, aber außerhalb der westlichen Medienblase sorgte die Geschichte für Aufsehen und Gelächter.

Bloomberg reagierte schnell und schrieb seinen Fake-Artikel innerhalb weniger Stunden um. Seitdem trägt der Artikel die Überschrift »Venezuela's Vecchio Unsure If Maduro Has Money in Fund« (Der Venezuelanische [Anwalt] Vecchio ist sich nicht sicher, ob Maduro Geld im Fonds hat) und hat einen korrigierten Inhalt.[11] Darauf allerdings, dass dies eine Auftragsarbeit für die US-Regierung war, weist Bloomberg natürlich nicht hin.

Der ursprüngliche Artikel ist im Internetarchiv noch zu finden.[12] Er hatte sieben Absätze, wogegen die neue Version nur zwei sehr kurze Absätze umfasste. Die folgenden Screenshots zeigen, wie der Artikel bei seiner Veröffentlichung aussah und wie er danach verändert wurde.

Bloomberg

Markets

Maduro May Hold Millions in Baidilda Fund, Opposition Says

By Jose Enrique Arrioja
25. Februar 2019 um 21:46 GMT+3 *Updated on 25. Februar 2019 um 22:20 GMT+3*

- Venezuela leader may have millions at obscure Russian-ran fund
- Interim goverment probing regime with international help

Quelle: Screenshot *https://web.archive.org/web/20190226003036/https://www.bloomberg.com/news/articles/2019-02-25/maduro-may-hold-millions-in-baidilda-fund-opposition-says*

Quelle: Screenshot *https://www.bloomberg.com/news/articles/2019-02-25/maduro-may-hold-millions-in-baidilda-fund-opposition-says?embedded-checkout=true.*

Deutlicher kann man nicht zeigen, wie »unabhängig und kritisch« die westlichen »Qualitätsmedien« arbeiten. Sie sind sich nicht zu schade, Texte, die sie von der US-Regierung bekommen, als eigene Recherchen zu veröffentlichen und damit die Politik der US-Regierung zu unterstützen – auch dann, wenn sie auf Lügen basieren und das Ziel haben, in einem anderen Land einen Putsch zu organisieren.

Da diese Geschichte dem westlichen Narrativ der angeblich unabhängigen Medien geschadet hätte, haben die westlichen Medien natürlich nicht über sie berichtet. Und wohl wissend, dass ihnen die ganze Sache morgen selbst auf die Füße fallen könnte, haben sich auch die Konkurrenten von Bloomberg davor gehütet, aus der Blamage von Bloomberg Kapital zu schlagen.

Seit der CIA-Operation Mockingbird hat sich also nicht viel geändert. Die westlichen Medien haben Mockingbird rasch mit dem Mantel des Schweigens bedeckt und unterstützen solche Unternehmungen weiterhin. All dies scheint vollkommen normal zu sein.

Wenden wir uns nun den Mitteln zu, mit denen die US-Regierung und die US-Geheimdienste heute die Berichterstattung der westlichen Medien lenken.

2009 wurde bekannt, dass das Pentagon sage und schreibe 27 000 Mitarbeiter ausschließlich damit beschäftigte, die US-Kriege medial aufzupolieren. Das verlief (und verläuft bis heute) nach dem Prinzip von Mockingbird, das heißt, proamerikanische Propaganda wird direkt in den Nachrichtenagenturen platziert, deren Meldungen die Grundlage für Medienberichte sind.

Der *Spiegel* brachte schon am 20. April 2008 einen Artikel mit der Überschrift »Gekaufte Meinung – Pentagon beschäftigt PR-Armee für US-TV« heraus, in dem man lesen konnte:[13]

> Mit einer gigantischen PR-Truppe hat die Bush-Regierung die Öffentlichkeit in den USA seit Jahren hinters Licht geführt. Ein Enthüllungsbericht der »New York Times« zeigt jetzt, wie gezielt und perfide das System der Desinformation funktioniert. […] Wenn US-Zuschauer die Nachrichten aus dem Irak auf TV-Kanälen wie CNN, Fox News, NBC oder ABC schauen, sollten sie ihren Ohren lieber nicht trauen. Wie ein Bericht der »New York Times« enthüllt, unterhält das US-Verteidigungsministerium bis zum heutigen Tag eine Truppe von TV-Militärexperten, um seine Sicht der Dinge auf den Irak und den Krieg gegen den Terror zu verbreiten.

Und wie man am Ende des Artikels lesen konnte, hatten die TV-Sender schon damals kein Interesse, diese Dinge einzugestehen oder aufzudecken:

> Die TV-Stationen zeigten sich dagegen wenig erbaut über die Enthüllungen der »New York Times« und verweigerten

> größtenteils eine Stellungnahme. Kein Wunder, denn die meisten wussten nichts von etwaigen Verbindungen ihrer Experten – und, so legen die Recherchen der Zeitung nahe, interessierten sich auch nicht weiter dafür.

Anfang 2009 wurde auch der Umfang dieser »PR-Armee« bekannt. Unter der Überschrift »27 000 PR-Berater polieren Image der USA« berichtete der Schweizer Tages-Anzeiger darüber und begann seinen Artikel wie folgt:[14]

> Ein Chefredakteur beklagt den immensen Einfluss des amerikanischen Verteidigungsministeriums auf seine Journalisten. Jetzt ist ihm der Kragen geplatzt: Er enthüllt schier unglaubliche Fakten über die PR-Arbeit des Pentagons.

Zum Vergleich: Als die CIA-Operation Mockingbird bekannt wurde, hatte die CIA etwa 400 Journalisten unter ihrer Kontrolle. 2009 hatte alleine das Pentagon bereits 27 000 Mitarbeiter, deren Aufgabe die Beeinflussung der Medien und der öffentlichen Meinung im Interesse der US-Politik war. Der Einfluss der US-Regierung auf die angeblich unabhängigen westlichen Medien ist seit Mockingbird also nicht zurückgegangen, sondern geradezu explodiert.

Und dann passierte selbstverständlich dasselbe wie bei der Aufdeckung der Operation Mockingbird: Anstatt kritische Fragen zu stellen und eine weitere Aufklärung zu fordern, vergaßen die westlichen Medien die Geschichte schnell wieder. Der Grund für diese Zurückhaltung der Medien liegt auf der Hand: Als Teil des Systems müssten sie eigentlich eingestehen, dass ihre Berichte nichts weiter als von der US-Regierung gesteuerte Propaganda waren beziehungsweise sind, und das würde sie bei ihren Lesern und Zuschauern völlig unglaubwürdig machen. Denn die Meldungen und Artikel der

Landesmedien basieren wie gesagt auf Meldungen der Nachrichtenagenturen, die das wiedergeben, was sie selbst von sogenannten Experten gehört haben. Und diese Experten werden von US-Regierungsbehörden wie dem Pentagon, der CIA und USAID (United States Agency for International Development, dt.: Behörde der Vereinigten Staaten für internationale Entwicklung) bezahlt.

Dabei hat die US-Regierung, wie wir im *Spiegel* lesen, sogar einen Weg gefunden, um Geld zu sparen:[15]

> Besonders praktisch: Die Regierung musste ihre PR-Experten nicht einmal selbst bezahlen, denn das übernahmen die Sender und Zeitungen, die sie engagierten. Je mehr exklusive Informationen die Experten aus dem Pentagon präsentieren konnten, desto öfter konnten sie mit einem Auftritt auf der Mattscheibe rechnen. Und je mehr »Hits« – also Auftritte – sie bekamen, desto mehr verdienten sie. Was sie allerdings den TV-Stationen als »exklusiv« zutrugen oder in ihre Analysen einfließen ließen, war sorgsam gefiltert im Sinne der Bush-Regierung. Woher sie die Informationen erhalten hatten, sollten die Experten natürlich nicht offenlegen – so die Ansage des Pentagons.

Nun habe ich eine Frage, die ich in diesem Zusammenhang immer stelle: Wie oft haben Sie in westlichen Medien die Formulierung gehört oder gelesen, eine Nachricht stamme »von nicht genannten Quellen« in einem Ministerium oder gar bei Geheimdiensten?

Offensichtlich tobte damals ein Machtkampf zwischen der Nachrichtenagentur AP und dem Pentagon:[16]

> Tom Curley, Chef der amerikanischen Nachrichtenagentur AP, kann dazu nicht mehr länger schweigen. Am

> Wochenende referierte er an der Universität von Kansas vor Journalisten über den Druck des US-Verteidigungsministeriums auf seine Berichterstatter in Kriegsgebieten wie Irak oder Afghanistan. Sein Fazit: »Es wird langsam unerträglich.« Hohe Generäle hätten gedroht, dass man die AP und ihn ruinieren werde, wenn die Reporter weiterhin auf ihren journalistischen Prinzipien beharren würden. Seit 2003 wurden bereits elf Journalisten der AP im Irak für mehr als 24 Stunden verhaftet.

Das Pentagon – und das muss man sich mal auf der Zunge zergehen lassen – machte also Druck auf die Nachrichtenagentur AP, weil deren Journalisten ihre Arbeit machen und wahrheitsgemäß berichten wollten, und ging dabei so weit, dass es zur Abschreckung amerikanische Journalisten verhaften ließ. Auch Zahlen und Fakten zum Umfang der Propaganda hatte der Chef von AP parat:[17]

> Laut AP-Recherchen verfügt das Pentagon über 27 000 Personen, die ausschließlich für die Öffentlichkeitsarbeit (PR, Werbung, Rekrutierung) zuständig sind. Zum Vergleich: Das gesamte US-Außenministerium mit Hillary Clinton an der Spitze beschäftigt rund 30 000 Personen. Die PR-Maschinerie des Militärs kostet die Steuerzahler jährlich 4,7 Milliarden Dollar. Seit 2004 sind die Ausgaben um 63 Prozent gewachsen. Wozu diese Mittel genau eingesetzt werden, bleibt meist geheim.
>
> Eine für den Informationskrieg zuständige Dienststelle namens »Joint Hometown News Service« befindet sich nach AP-Informationen auf einem früheren Luftwaffen-Stützpunkt in San Antonio, Texas. Dort würden Wort- oder Bildberichte produziert, die man unter falscher Quellenangabe den Medien zuspielt.

> Für 2009 sei die Herausgabe von 5400 Pressemitteilungen, 3000 Fernsehspots und 1600 Rundfunkinterviews geplant – doppelt so viel wie noch vor zwei Jahren. Dieser Service ist nur ein kleiner Ausschnitt des ständig wachsenden Pentagon-Medienimperiums. Schon jetzt ist es grösser als die allermeisten Pressekonzerne der USA.

Nun kann man einwenden, das wäre lange her, die Presse hätte inzwischen darüber berichtet, all das sei bekannt – und das Problem gelöst. Das ist es aber leider nicht. Denn wie im Fall von Mockingbird haben die westlichen Medien das Thema schnell wieder vergessen, und man muss intensiv im Netz suchen, um Berichte der westlichen Mainstream-Medien darüber zu finden.

Außerdem wurde keine Forderung nach Änderung laut. Und seien wir ehrlich, was hätte eine solche Forderung schon gebracht? Es gibt Meldungen, dass die Anzahl der PR-Mitarbeiter, deren Job es ist, die westlichen Nachrichten zu produzieren, ebenso gewachsen ist wie das dafür angesetzte Budget. Damit werden wir uns an anderen Stellen in diesem Buch noch befassen.

Doch wie viele »Experten« auch immer es sein mögen, die aktuell im Auftrag des Pentagons »Nachrichten« produzieren, diese gelangen über die Nachrichtenagenturen in unsere Zeitungen und Nachrichtensendungen. Und wenn ein Ministerium seine »Nachrichten« selbst fabriziert, dann nennt man das Propaganda. Joseph Goebbels hatte übrigens keine 27 000 Mitarbeiter, man kann den Effekt, den diese »PR-Armee« auf unsere Nachrichten hat, also gar nicht hoch genug bewerten.

Soviel ich weiß, hat der damalige AP-Chef Tom Curley seinen Protest gegen diese Machenschaften später nicht wiederholt. Er hat seinen Chefposten bei AP 2012 verlassen. Und nach ihm hat es über dieses Thema so gut wie keine Meldungen mehr gegeben.

Da für diese Lenkung der westlichen Medien niemand ein für alle Male bestraft wurde, kamen und kommen immer wieder Vorfälle ans

Licht, bei denen das Pentagon erwischt wurde –beispielsweise bei Videofälschungen. Nur haben die »Qualitätsjournalisten« der westlichen Medien entweder ein gestörtes Langzeitgedächtnis und längst vergessen, dass das Pentagon seine Nachrichten ohnehin im eigenen Haus fabriziert, oder sie haben aus dem Streit zwischen Pentagon und AP gelernt und wenig Lust, selbst irgendwann einmal im Gefängnis zu landen. Möglicherweise hat die Drohung, die das Pentagon gegenüber AP ausgestoßen hat, nämlich AP zu ruinieren, auch andere Redaktionen getroffen, sodass sie es vorziehen, diese Geschichte aus ihrer Erinnerung zu löschen.

Man kann sich seinen eigenen Reim darauf machen, doch Fakt ist, dass niemand in der Presse sich daran erinnern will, und dafür dürfte es Gründe geben. Einer der Hauptgründe ist meiner Ansicht nach, dass die Medien eben Teil des Systems sind und infolgedessen nicht über Systeminternes berichten. Und als es mit AP einen Kollegen traf, haben sie sich nicht journalistisch mit ihm solidarisiert, sondern nur einen kurzen pflichtschuldigen Bericht abgeliefert, und das war es dann.

Wir müssen noch einmal kurz zu dem Artikel des *Spiegels* zurückkommen, denn darin fand sich ein vielsagender Satz, den ich schon zitiert habe, aber noch einmal wiederholen möchte:

> Woher sie die Informationen erhalten hatten, sollten die Experten natürlich nicht offenlegen – so die Ansage des Pentagons.

Man braucht nur kurz über diesen Satz nachzudenken, und schon dürfte klar sein, wie diese Formulierung zu verstehen ist: Wenn eine Nachricht der westlichen Medien mit dem Satz eingeleitet wird, die Information käme von einer nicht genannten Quelle in einem Ministerium oder gar Geheimdienst, kann man fast sicher davon ausgehen, dass es sich um bewusst gestreute (Des-)Information handelt, die von den entsprechenden Regierungsstellen gezielt über von ihnen bezahlte

»Experten« verbreitet wird. Und die westlichen Medien machen dieses Spiel gerne mit.

Die CIA-Operation Mockingbird mag also offiziell eingestellt worden sein, doch ihr Geist lebt nicht nur weiter, sondern die Beeinflussung der westlichen Medien wurde offensichtlich sogar noch ausgedehnt. Das letzte Beispiel, in dem dies offen zutage trat, waren die sogenannten »Twitter-Files«, die aufgedeckt haben, wie CIA, FBI und Pentagon die US-Internetkonzerne und sozialen Netzwerke kontrollieren, die für die öffentliche Meinung heute so wichtig sind. Und natürlich fand sich auch darüber in den westlichen Medien kaum eine Spur.

Dabei gibt es noch weitaus mehr Beispiele für diese Praxis. So sickerte 2016 durch, dass das Pentagon 2005 für satte 500 Millionen Dollar Propagandavideos für Al-Qaida gedreht und dafür die britische PR-Agentur Bell Pottinger engagiert hatte.[18] Der Skandal kam in Verbindung mit einer Geschichte über die amerikanische PR-Agentur Lincoln Group heraus, denn diese hatte – ebenfalls im Auftrag des Pentagons – Artikel fabriziert, die anschließend in irakischen Zeitungen veröffentlicht wurden, um »aufständische Gruppen zu infiltrieren«, wie das Pentagon mitteilte, nachdem die Geschichte öffentlich geworden war.

Das Pentagon begründete die 2005 hergestellten Propagandavideos für al-Qaida 11 Jahre später damit, dass man in die Videos Trackerprogramme eingebaut habe, um die Kämpfer, die sich dieses Video anschauten, lokalisieren zu können. Nachfragen zum Erfolg der Aktion, die immerhin eine halbe Milliarde gekostet hatte, gab es von den ach so unabhängigen und kritischen westlichen Medien nicht.

Auch 2017 hat es einen Vorfall mit einem falschen Video gegeben. Als diesmal der Öffentlichkeit erklärt werden musste, warum die USA im Jemen aktiv waren, holte man als Begründung erneut al-Qaida hervor. Bei einem Einsatz von US-Spezialkräften waren mindestens vierzehn unschuldige Zivilisten getötet worden, und das Pentagon präsentierte ein Video mit einer Bombenbauanleitung als Beleg dafür, dass hierbei wichtige Informationen gewonnen werden konnten. Zu dumm, dass dieses Video, das eine aktuelle Operation mit zivilen Opfern rechtfertigen sollte, zu dem Zeitpunkt schon 10 Jahre alt war … Als es damit konfrontiert wurde, nahm das Pentagon das Video schnell wieder von seiner Website.

Und kein westlicher Qualitätsjournalist hat angesichts dieser Vorkommnisse an das große Pentagon-Desinformationsprogramm erinnert, welches seit 2008 und spätestens 2009 bekannt war. Kein einziger »kritischer« Journalist hat auch nur die Frage gestellt, ob es hier eventuell Zusammenhänge geben könnte. Man hätte dies ja auch widerlegen können. Aber es wurde gar nicht erst erwähnt.

Nur zum Vergleich: Im Gegensatz zu den 27 000 Pentagon-PR-Leuten haben Sie doch sicher schon davon gehört, dass es in Russland eine »Trollfabrik« geben soll, die versucht, die Meinungsbildung im Westen zu beeinflussen. Darüber berichten die westlichen Medien im Gegensatz zu all den US-Programmen zur Lenkung der öffentlichen Meinung ja immer wieder.

Ob es diese »Trollfabrik« wirklich gibt, weiß ich nicht, aber es wird behauptet, dort seien einige Hundert Mitarbeiter tätig. Doch selbst wenn das stimmt, was sind ein paar Hundert Mitarbeiter gegenüber einer Armee von 27 000 Mitarbeitern und einem Budget von fast 5 Milliarden Dollar? Wohlgemerkt, das ist die Zahl von 2009, das Budget des Pentagons für Propaganda – sorry, es muss natürlich »Öffentlichkeitsarbeit« heißen – ist seitdem erheblich gewachsen.

Zudem sollte man festhalten, dass es verwunderlich wäre, wenn Russland sich nicht gegen die massive Medienkampagne des Westens verteidigen würde. So ist im Artikel des Schweizer *Tages-Anzeiger* von einem »Informationskrieg« und einer »dafür zuständigen Dienststelle« die Rede. Und wenn es hier um einen Informationskrieg geht, dann sollte man erwarten, dass sich der Angegriffene auch verteidigt.

Ich habe diese Dinge immer im Hinterkopf, wenn ich Nachrichten anschaue oder lese und bin bei Meldungen seitens des Pentagons von

Grund auf misstrauisch. Noch misstrauischer werde ich allerdings dann, wenn es heißt, die Medien würden sich auf »vertrauliche Informationen aus Geheimdienstkreisen« stützen. Denn was mit jemandem passiert, der wirklich vertrauliche Informationen aus Geheimdienstkreisen veröffentlicht, das können Sie beispielsweise Edward Snowden fragen, der sich seit Jahren in Moskau verstecken muss, weil die USA ihn genau dafür vor Gericht stellen wollen.

Wenn also in den Medien von »Informationen aus Geheimdienstkreisen« die Rede ist und anschließend niemand wegen Geheimnisverrates verhaftet wird, können wir davon ausgehen, dass die Geheimdienste diese Informationen selbst weitergegeben haben und dass es sich folglich um manipulierte Information beziehungsweise Desinformation handelt.

Die bereits erwähnten russischen Prankster Vovan und Lexus haben noch vielen weiteren wichtigen Persönlichkeiten interessante bis brisante Informationen entlockt. Als die Führungsriege von Amnesty International 2021 in einem Telefongespräch mit den beiden glaubte, mit einem Mitglied des Teams von Nawalny zu sprechen, gab sie offen zu, dass es der Organisation nicht um Menschenrechte, sondern um eine antirussische Politik und einen Regimewechsel in Russland geht.

Auch den französischen Präsidenten Macron konnten sie auf den Arm nehmen, indem sie ihn 2019 mit einem falschen frisch gewählten ukrainischen Präsidenten Selenskyj telefonieren ließen. Ebenso wenig entging ihnen Norbert Röttgen, allerdings hat YouTube das Video in Deutschland gesperrt;[19] es war aber außerhalb Deutschlands noch abrufbar, bis YouTube den Kanal der russischen Spaßvögel komplett gesperrt hat.

2021 haben sie ein sehr interessantes und lustiges Telefonat mit der Führung des National Endowment for Democracy (NED) geführt, einer Organisation, die eine sehr wichtige Rolle bei der Beeinflussung der öffentlichen Meinung in Ländern spielt, die die USA zu Gegnern erklärt haben. Um zu verstehen, worum es in dem Gespräch ging, müssen wir uns zunächst die Organisation anschauen, die die Jungs reingelegt haben.

Das NED ist ein klassisches Beispiel für NGOs, die keine sind. Denn wir müssen uns daran erinnern, dass NGO »**Non**-Governmental Organization« (**Nicht**regierungsorganisation) bedeutet. Aber wie kann man von einer **Nicht**regierungsorganisation sprechen, wenn diese nicht nur von einer Regierung gegründet wurde, sondern auch von ihr finanziert und gelenkt wird? Das National Endowment for Democracy ist eine US-amerikanische Stiftung, die sich die weltweite Demokratieförderung auf die Fahnen geschrieben hat. Sie wurde 1983 vom US-Kongress in Washington gegründet und wird aus dem US-Bundeshaushalt finanziert. Insofern und angesichts des zeitlichen Zusammenhangs darf man das NED getrost als eine Fortsetzung von Mockingbird betrachten. Im Übrigen hatte der US-Kongress parallel dazu auch noch weitere Organisationen dieser Art gegründet.

Es überrascht wenig, dass die Aktivitäten des NED nicht unbedingt zu demokratischen Veränderungen in anderen Ländern geführt haben, denn es ist schon zufrieden, wenn mit seiner Hilfe proamerikanische Regierungen an die Macht kommen, die amerikanischen Konzernen freien Zugang zu fremden Märkten, Bodenschätzen und dergleichen ermöglichen, sodass das Ziel der »Demokratieförderung« nicht weiterverfolgt werden muss.

Doch mein Argument, das NED sei eine Fortsetzung von Mockingbird, ist nicht nur auf den zeitlichen Zusammenhang mit der Enthüllung von Mockingbird zurückzuführen, sondern gründet auch auf den Erklärungen, die der NED-Mitgründer und ehemalige Vorsitzende Allen Weinstein in einem Interview mit der *Washington Post* am 21. September 1991 abgegeben hat.[20] Da sagte er, das NED tue das, »was vor 25 Jahren die CIA verdeckt getan« habe, und meinte damit nicht nur die Undercoverlenkung der öffentlichen Meinung durch die CIA-Operation Mockingbird, sondern auch die Undercoverorganisation von Putschen, wie es in Chile und anderen Ländern geschah.

Das NED war seit seiner Gründung an allen von den USA beförderten Regimewechseln beteiligt und finanziert seither alles und jeden, der die Gegner der USA – egal mit welchen Mitteln und Zielen – bekämpft. Als es den russischen Spaßvögeln gelang, die Chefetage des NED ans Telefon zu bekommen, sagte diese ganz offen, dass sie Planungen von Regimewechseln in Russland und Weißrussland unterstütze, was der Westen offiziell immer bestritten hatte.[21]

Das Telefonat fand im Jahr 2019 statt, Dabei taten die russischen Jungs der NED-Leitung gegenüber so, als würde sie mit der seinerzeit vom Westen zur Wahlsiegerin in Weißrussland ausgerufenen Swetlana Tichanowskaja sprechen. Folglich schickte das NED seine erste Garde in das Gespräch, nämlich Carl Gershman, den Präsidenten des NED, Barbara Haig, die Vizepräsidentin des NED und Verantwortliche für politische Fragen und die Strategie des NED, sowie Nina Ognianova, die NED-Spezialistin für Osteuropa.

Das Gespräch begann mit einem Vortrag von Carl Gershman über die Aktivitäten des NED in Russland und Weißrussland, die das Ziel verfolgten, Lukaschenko und Putin auf die gleiche Weise zu stürzen, wie es beim Maidan 2014 mit dem ukrainischen Präsidenten Janukowytsch geschehen war. Das NED hat beim Maidan eine wichtige Rolle gespielt und die Proteste maßgeblich finanziert und gelenkt. In der Ukraine setzten die Regimewechselspezialisten der USA auf die Nationalisten, was den Krieg zur Folge hatte, weil die Nationalisten explizit alles Russische in der Regierung bekämpfen wollten, was irgendwann zwangsläufig zur Eskalation führen musste. Für Weißrussland hatte das NED dieselben Pläne, wie Gershman in Minute 4:00 des Telefonats offen zugab. Man stehe mit weißrussischen Nationalisten im Westen Weißrusslands in Kontakt und unterstütze sie.

Eine weitere Strategie des NED ist es, jede Form von Anti-Putin- oder Anti-Lukaschenko-Demos zu unterstützen. Darüber – und über die Unterstützung des NED für die Demos im russischen Fernen

Osten 2020 – sprach Carl Gershman ab Minute 7:00 des Telefonats ebenfalls sehr deutlich.

Russlands wiederholte Behauptung, der russische Aktivist Alexej Nawalny werde von den USA und ihren Geheimdiensten unterstützt, wurde vom Westen als »russische Propaganda« bezeichnet. Dieser suggerierte stattdessen, Nawalny habe angeblich die Mehrheit der russischen Bevölkerung hinter sich.

Wie sein Mitgründer offen zugab, verfügt das NED selbstverständlich über engste Kontakte zu den US-Geheimdiensten, ja es hat sogar einen Teil ihrer Aufgaben übernommen. Musste 1973 noch die CIA den Putsch gegen den gewählten Präsidenten in Chile organisieren, machte dies seit 1983 das NED.

In besagtem Telefonat hat der Präsident des NED offen zugegeben, dass das NED engen Kontakt zu Nawalnys Unterstützern in London hatte und bestens in deren Pläne eingeweiht war. Die Aktivitäten von Nawalny wurden von London aus geleitet, wo er sein Auslandsbüro hatte, das ebenfalls sehr eng mit den westlichen Geheimdiensten zusammenarbeitete, aber das ist ein anderes Thema und würde hier zu weit führen.

Der NED-Chef sagte auch, dass es ihm egal sei, ob das NED in Russland verboten sei oder nicht, denn man habe keine Büros in Russland und arbeite auch nicht mit eigenen Büros, Russland könne ihnen nichts anhaben. Dabei hat Gershman in dem Telefonat mehrmals betont, dass das NED in Russland im ganzen Land ein Netz verschiedener Regierungsgegner unterstützt, in Form von Zuschüssen auch finanziell. Außerdem stelle das NED Kontakte und Verbindungen zwischen verschiedenen Gruppen von Regierungsgegnern in Russland und Weißrussland her, damit diese ihre Arbeit besser koordinieren können.

Gershman ließ auch durchblicken, dass die damals neue Biden-Regierung eine große Bereitschaft habe, den russischen Oppositionellen zu helfen.

Später wurde in dem Gespräch eine weitere Behauptung, dieses Mal eine weißrussische, bestätigt.

Dazu muss man sich daran erinnern, dass es 2021 in Weißrussland einen vom Westen unterstützten Putschversuch gegeben hat. Da er gescheitert ist und die Beteiligten festgenommen wurden und offen gesagt haben, wer ihre Hintermänner waren, haben die westlichen Medien diesen gescheiterten Putschversuch komplett verschwiegen. Oder erinnern Sie sich etwa an Meldungen über einen Putschversuch in Weißrussland im Jahr 2021?

Der weißrussische Präsident Lukaschenko hat danach mitgeteilt, für den geplanten blutigen Putsch seien in Weißrussland Waffenlager mit Waffen aus der Ukraine angelegt worden.[22] Bei dem Telefonat mit den russischen Spaßvögeln wurde in Minute 12 recht offen gesagt, dass das NED daran beteiligt war. Es war die Rede von »Programmen aus der Ukraine in Weißrussland«.

Die angebliche Tichanowskaja bat in dem Telefonat dann offen um Geld, denn die weißrussischen Arbeiter würden ohne Bezahlung nicht demonstrieren wollen. Auch das ist etwas, was man von früheren Farbrevolutionen her kennt: Die von den westlichen Medien als Volksaufstand dargestellten Demonstranten haben auf dem Maidan beispielsweise ein Handgeld von 100 Dollar für einen Demo-Tag bekommen. Das weiß ich aus erster Hand.

Auch das bezeichnet der Westen natürlich als »russische Propaganda«. Dabei ist dies offensichtlich auch dem NED nicht unbekannt, denn sonst hätte Tichanowskajas Bitte um Geld zur Bezahlung von Demonstranten für ein wenig Unruhe sorgen müssen. Ganz im Gegenteil rühmten sich die Teilnehmer an besagtem Telefonat geradezu der Finanzierung von allen möglichen Oppositionsgruppen.

Tichanowskaja wurde allerdings kein Geld zugesagt, sondern darauf verwiesen, dass sie ja in Kontakt mit dem Europäischen Endowment for Democracy (EED) stehe und von dort aus finanziert werde. Dass Tichanowskaja ihre Finanzierung aus der EU bekam, hat man von westlichen Medien und Politikern natürlich nie vernommen, denn die schüren das Märchen von angeblich »demokratischen Revolutionen«, die allein von dem jeweils betroffenen Volk ausgehen.

Dazu muss man wissen, dass analog zum NED auch die EU eine Regimewechselorganisation gegründet hat, nämlich im Jahr 2012 das Europäische Endowment for Democracy (EED), und zwar mit dem Ziel, oppositionelle Gruppen in an die EU angrenzenden Länder zu fördern. Und dieses EED war damals (und ist wahrscheinlich heute noch) einer der Finanziers der Umsturzpläne in Weißrussland.

Das ist umso interessanter, weil die Vertreter der EU – und damit auch der deutschen Regierung – immer bestritten haben, sich in die inneren Angelegenheiten Weißrusslands eingemischt zu haben. Das war gelogen, denn während man vor der Presse die Einmischungen bestritt, unterstützte man die weißrussische Opposition **mit über 50 Millionen Euro von der EU-Kommission.** Dass auch die Bundesregierung die Einmischungen verleugnet hat, ist insofern interessant, als die Vorsitzenden des EED damals zwei Deutsche waren: Die beiden deutschen Europaabgeordneten Elmar Brok und Alexander Graf Lambsdorff.

Übrigens wurde ausgerechnet Lambsdorff, der sich beim EED offen für einen Regimechange, also Putsch, in Russland eingesetzt hatte, von der Ampelbundesregierung als deutscher Botschafter nach Moskau geschickt. Wenn die Bundesregierung inmitten einer Krise statt eines erfahrenen Diplomaten einen bekennenden Russlandhasser als Botschafter nach Moskau schickt, ist es kein Wunder, wenn alle diplomatischen Kanäle zwischen Berlin und Moskau blockiert sind.

Wie Sie sehen, sind das alles sehr spannende Themen, bei denen man schnell vom Hundertsten ins Tausendste kommt, sobald man ein paar Hintergrundinformationen einbaut.

Kommen wir also wieder zurück zu dem Telefonstreich, den die russischen Spaßvögel der NED-Chefetage gespielt haben. Irgendwann wurde es ihnen offensichtlich langweilig, denn sie provozierten das

Ende des Telefonats. Die vermeintliche Tichanowskaja bat um Geld für Markenkleidung von Gucci und Vuitton, da sie sonst zu ärmlich aussehe, was Nina Ognianova, der aus Bulgarien stammenden Osteuropa-Expertin des NED, allerdings nicht gefiel, denn sie meinte diplomatisch, Geld für Kleidung sei nicht unbedingt Aufgabe des NED. Dabei wurde sie – und man sieht die Überraschung in ihrem Gesicht, denn sie versteht Russisch – von der Stimme des weißrussischen Präsidenten Lukaschenko unterbrochen, der sich über die Putschpläne äußerte und meinte, sie sollten alle dankbar sein, dass er ihnen nicht gleich den Hals umgedreht habe und dass nach zehn Schüssen von ihm niemand von ihnen mehr übrig sei. Die russischen Spaßvögel hatten nämlich Fragmente von Erklärungen Lukaschenkos zusammengeschnitten und abgespielt.

Daraufhin meinte Ognianova, man solle das Gespräch jetzt besser beenden, da wäre jemand in der Leitung, aber ihr fiel eine andere Männerstimme ins Wort, die auf Englisch sagte:

> Hallo, hören Sie mich? Hier spricht ein Major des weißrussischen KGB. Wie Sie wissen, haben wir alles gehört, was Sie gesagt haben. Sie haben das Recht zu schweigen, alles was Sie sagen, kann vor Gericht gegen Sie verwendet werden. Sie haben das Recht auf einen Anwalt.

Während der »Major« den Regimewechselspezialisten nun ihre Rechte vorlas, verließen diese einer nach dem anderen das Videotelefonat. Es ist sehr unterhaltsam, die Gesichter der Herrschaften in dem Video dabei zu beobachten.

Während die westlichen Länder sich über russische Medien wie Russia Today aufregen, weil diese angeblich in unzulässiger Weise die öffentliche Meinung in anderen Ländern beeinflussen, macht der Westen das selbst im großen Stil.

Eine weitere US-Behörde, die für die »Meinungsbildung« im Ausland zuständig ist, ist (oder war?) die USAID. Diese Institution hat nichts mit dem Wort »Aid« (Hilfe) zu tun, sondern »AID« ist die Abkürzung für »Agency for International Development«, also »Agentur für internationale Entwicklung«. Diese Behörde hat die Aufgabe, wirtschaftliche Projekte im Ausland zu fördern, beispielsweise indem sie dort Privatisierungen vorantreibt und die Märkte für US-Konzerne öffnet. Es sollen also in anderen Ländern staatliche Unternehmen privatisiert werden, was es US-Firmen dann ermöglicht, diese zu übernehmen, und es geht darum, den Boden für US-Produkte zu bereiten oder US-Konzernen Bodenschätze in anderen Ländern zu sichern. Die USAID soll also vor allem die US-Wirtschaft »entwickeln«, indem sie in anderen Ländern aktiv ist und dort die öffentliche Meinung beeinflusst.

Dazu gehört als bei Weitem wichtigstes Feld die Finanzierung von Medien, Bloggern, Influencern und NGOs außerhalb der USA. Dies läuft unter der Bezeichnung »Förderung unabhängiger Medien«, obwohl davon nur Medien profitieren, die brav die politische Linie der USA unterstützen. Als US-Präsident Trump nach seinem zweiten Amtsantritt die Finanzierung der USAID weitgehend einstellte, war der Aufschrei in den deutschen Medien groß, denn auch manche deutschen Medien und NGOs wurden direkt oder indirekt von der USAID finanziert.

Die USAID ist in Asien, dem Nahen Osten, Lateinamerika, der Karibik, der Subsahara-Region (Afrika) und in Osteuropa aktiv. In Osteuropa ging der Löwenanteil der Gelder traditionell in die Ukraine, weshalb der Aufschrei nach Trumps Finanzierungsstopp dort am größten war. Da laut ukrainischen Medienorganisationen 90 Prozent aller ukrainischen Medien von der USAID bezahlt wurden, drohte nach dem Finanzierungsstopp nämlich der Hälfte der ukrainischen Medien der Bankrott, weshalb Kiew die EU lauthals um finanzielle Hilfe bat.

Allein 2019 bekam die USAID ein Extrabudget von 584 Millionen Dollar,[23] das explizit für Propagandakampagnen gegen Russland vorgesehen war. Dies ist mehr Geld, als der laut westlichen Medien und Politikern so gefährliche Sender Russia Today für seine weltweite Arbeit jährlich zur Verfügung hat. Und die USA haben ja noch weit mehr Organisationen (beispielsweise Pentagon, das NED und die Auslandssender Radio Free Europe), die über Budgets für antirussische Medienkampagnen verfügen.

Bei einer Anhörung vor dem Repräsentantenhaus wurde Mark Green, der Chef der Behörde, noch konkreter:[24]

> USAID wird bald einen Rahmen erstellen, der uns helfen soll, dem bösartigen Einfluss des Kremls entgegenzuwirken, insbesondere in Europa und Eurasien.

Das zeigt ein weiteres Mal, dass es bei der USAID nicht um Entwicklungshilfe geht, wie die deutschen Medien behaupten, sondern ausschließlich um geopolitische Ziele sowie den Kampf um die öffentliche Meinung in anderen Ländern.

Zum Schluss dieses Kapitels möchte ich noch ein paar Zahlen nennen. Der US-Staatssender Radio Free Europe hatte 2019 ein Jahresbudget von 124 Millionen Dollar zur Verfügung,[25] und der US-Staatssender Voice of America hatte **ein Budget von knapp 220 Millionen Dollar.** Hinzu kommt eine unendlich lange Liste an NGOs, die die USA aus denselben Gründen finanzieren. Und das US-Außenministerium verwaltet ein Budget von über 20 Milliarden Dollar für »international assistance«, wie man es dort freundlich nennt.[26] Wenn man allein die Budgets von US-Außenministerium und Pentagon zusammenrechnet, haben die USA für den Informationskrieg fast sagenhafte 30 Milliarden pro Jahr zur Verfügung. Und das ist eine sehr konservative Schätzung, weil manche Zahlungen in Programmen getarnt sind, in denen man sie gar nicht vermuten würde.

Übrigens hat der deutsche Auslandssender Deutsche Welle ein Jahresbudget von 326 Millionen Euro,[27] während es schwer ist, verlässliche Zahlen für den britischen Auslandssender BBC News zu finden, denn dieser bekommt zusätzlich eine staatliche Förderung, es dürften aber auch ungefähr 300 Millionen britische Pfund sein. Im Gegensatz dazu kommt, nebenbei bemerkt, der »Feind« Russia Today, gegen den sich die USA und der gesamte Westen mit weit über 30 Milliarden Dollar verteidigen, lediglich auf 275 Millionen Dollar.[28]

Lesenswert ist in diesem Zusammenhang auch das Buch *Gekaufte Journalisten* des inzwischen verstorbenen ehemaligen *FAZ*-Redakteurs Udo Ulfkotte, der darin berichtet, wie BND-Agenten zu ihm in die Redaktion kamen, Material auf den Tisch legten und ihn aufforderten, daraus einen Artikel über eine angebliche Chemiewaffenproduktion in Libyen zu fabrizieren, obwohl er von dem Thema keine Ahnung hatte.[29] Aber er kam der Forderung nach und bezeichnete dies als Eigenrecherche, denn diese Art von Auftragsarbeit für westliche Geheimdienste ist für die westlichen Medien üblich.

Dieser und andere Vorfälle, über die Ulfkotte aus seinem Berufsleben als *FAZ*-Redakteur berichtet, sind lange nach dem offiziellen Ende der CIA-Operation Mockingbird geschehen. Das belegt, dass die Operation Mockingbird weitergeht, nur eben mit neuen Mitteln und Methoden.

Soros

Claus Kleber vom *heute-journal* des ZDF sagte sinngemäß einmal, es sei Unsinn, zu behaupten, seine Berichterstattung sei gesteuert, schließlich riefe ihn niemand in der Redaktion an, um ihm zu sagen, was er berichten solle. Das stimmt sicherlich, doch wie alle anderen Journalisten weiß auch er, was er berichten muss, wenn er seinen Job behalten will.

Im Übrigen bekommen die »Qualitätsmedien« ja auch reichlich Unterstützung, damit sie das Gewünschte berichten. Es sei nur daran erinnert, dass die deutschen Medien ihre Meldungen aus den westlichen Nachrichtenagenturen beziehen, die unter anderem vom Pentagon mit seinen Zehntausenden extra dafür bezahlten Leuten gesteuert werden. Es braucht also wirklich keinen täglichen Anruf »von oben«.

Die Medien haben generell mit rückläufigen Auflagen und fallenden Einnahmen zu kämpfen, was in jeder deutschen Redaktion schon zu Kündigungswellen geführt hat. Wenn aber immer weniger Journalisten in einer Redaktion dieselbe Menge an Artikeln »produzieren« sollen, dann geht dies zwangsläufig auf Kosten von Qualität und Recherche. Dafür ist keine Zeit mehr, und das merkt man.

Die meisten Artikel in den deutschen Medien haben fast denselben Wortlaut, und zwar bis in die Überschriften hinein. Das liegt daran, dass sie Meldungen von den Nachrichtenagenturen wörtlich übernehmen, wie jeder leicht überprüfen kann, indem er einen Schlüsselsatz aus einem Artikel über internationale Politik bei Google eingibt und sieht, wie die Suchmaschine daraufhin viele wortwörtlich identische Artikel bei anderen Mainstream-Medien anzeigt.

Im besten Fall wird der Artikel einer Nachrichtenagentur ein wenig umformuliert, mehr machen die Redaktionen der deutschen Medien kaum. Und wer sich eine Regionalzeitung kauft, der muss wissen, dass die meisten Artikel dort längst aus einer Zentrale kommen, wo die Artikel für alle Regionalzeitungen einer Medienholding geschrieben werden. Vor Ort verfasst wird bestenfalls noch der Bericht über das Jahrestreffen des örtlichen Schützenvereins.

Es findet also eine Zentralisierung statt, infolge derer ein paar wenige Organisationen »Nachrichten« produzieren und an die Nachrichtenagenturen weitergeben. Diese wiederum geben sie an die Medien weiter, die sie als Artikel veröffentlichen. Eigene Recherche findet kaum mehr statt, stattdessen wird einem Leser »copy and paste« serviert.

Wer also kontrollieren will, was die Medien veröffentlichen, muss kontrollieren, was aus den beziehungsweise in die Nachrichtenagenturen kommt. Und dafür gibt es eine ganze Reihe von Organisationen, das Pentagon und andere, die wir bisher kennengelernt haben, sind nur ein Teil davon.

Es gibt nämlich auch private »Produzenten« von Nachrichten. Als Beispiel will ich über eine interessante Organisation berichten, die in Prag sitzt und sich rühmt, dass ihre Artikel aktuell in 543 verschiedenen Medien in 156 Ländern und 66 Sprachen publiziert werden. Das ist also eine gewaltige Maschinerie, die die Meinungen von Millionen Menschen weltweit durch ihre Berichte beeinflusst und von der trotzdem kaum jemand je etwas gehört hat. Der Name dieser Organisation lautet Project Syndicate.

Nach eigenen Angaben ist das Syndikat eine gemeinnützige Organisation, die allen Menschen auf der Welt »Zugang zu Informationen« geben möchte:[30]

> Project Syndicate produziert und liefert qualitativ hochwertige Originalbeiträge und Kommentare für ein globales Publikum. Mit exklusiven Beiträgen prominenter Politiker, Entscheidungsträger, Politiker, Wissenschaftler, Wirtschaftsführer und Bürgeraktivisten aus der ganzen

> Welt bieten wir Nachrichtenmedien und ihren Lesern innovative Analysen und Einblicke, unabhängig von ihrer Zahlungsfähigkeit. Zu unseren Mitgliedern zählen über 500 Medien in 156 Ländern, von denen mehr als die Hälfte davon unsere Kommentare kostenlos oder zu subventionierten Preisen erhalten.

Was so positiv und selbstlos klingt, bedeutet nichts anderes, als dass das Syndikat beeinflussen will, worüber und wie die Menschen in 156 Ländern diskutieren. Man will nicht weniger, als die weltweite öffentliche Meinung beeinflussen, und verkauft das als »gemeinnützige Arbeit«.

Wie immer ist die entscheidende Frage, wer hinter diesem Syndikat steht und wer es bezahlt. Wenn man das weiß, dann weiß man auch, wessen Meinung der Weltöffentlichkeit da vermittelt werden soll. Doch da wird es schwierig, denn das Syndikat veröffentlicht auf seiner Seite keine Jahresberichte, man weiß also nicht, wie viel Geld es von wem bekommt. Und wer genau es 1995 gegründet hat, ist auch nicht ersichtlich. Man findet auf der Seite lediglich eine Liste der Partner, die das Syndikat unterstützen:[31]

> Open Society Foundations, the Bill & Melinda Gates Foundation, the MasterCard Foundation, the European Climate Foundation, the European Investment Bank, La Banque Postale, the European Journalism Centre, Dialectica, the Children's Investment Fund Foundation, the Mohammed bin Rashid Al Maktoum Knowledge Foundation, the Heinrich Böll Stiftung, the Friedrich-Ebert-Stiftung, National Geographic, the World Bank group, GAM, the Google Digital News Initiative, the Nature Conservancy, and the International Economic Association.

Schauen wir uns einmal an, wie der Einfluss des Syndikats auf die Medien praktisch funktioniert.

Die *Welt* veröffentlichte am 1. Februar 2022 einen als »Gastbeitrag von George Soros« angekündigten Artikel mit dem Titel »Die größte Bedrohung der freien Gesellschaft ist China«,[32] auf den der *Spiegel* in einem Beitrag mit der Überschrift »US-Milliardär sieht Freiheit bedroht – George Soros warnt vor digitalem Aufstieg Chinas« sofort wohlwollend antwortete:[33]

> Der 91-jährige Investor und Philanthrop spricht in einem Beitrag, den die Zeitung »Die Welt« veröffentlicht hat, von einer Systemfrage, die durch den Wettlauf um die Vormacht bei Künstlicher Intelligenz befeuert werde.

Mit der Bezeichnung »Gastbeitrag von George Soros« suggerierte die *Welt*, Soros habe den Artikel exklusiv für sie geschrieben. Der *Spiegel* stieß ins gleiche Horn und berichtete wohlwollend über die Veröffentlichung in der *Welt*. Was könnte daran verdächtig sein?

Nun, der Beitrag von Soros war gar nicht für die *Welt* geschrieben worden. Obwohl der *Spiegel* das wusste, verlinkte er nicht den Originalartikel beziehungsweise die eigentliche Quelle, sondern den Artikel in der *Welt*. Schließlich klingt »Gastbeitrag« besser, als wenn die *Welt*, der *Spiegel* und all die anderen deutschen »Qualitätsmedien«, die damals darüber berichtet hatten, zugegeben hätten, dass sie Teil einer Propagandakampagne von Soros waren und ihm gefällig zur Hand gingen.

Das klingt für Sie übertrieben? Dann schauen wir uns mal die Historie dieses »Gastbeitrags« an.

Dass es sich überhaupt nicht um einen von Soros verfassten »Gastbeitrag« handelte, wird klar, wenn man sich mit dem Ursprung des Textes befasst. George Soros hatte nämlich am 31. Januar 2022, also einen Tag vor dem Erscheinen des Artikels in der *Welt*, bei der Eröffnung des

Forums »China am Vorabend der Olympischen Winterspiele: Schwere Entscheidungen für die Demokratien der Welt« der Hoover Institution eine Eröffnungsrede gehalten.[34] Und was die *Welt* ihren Lesern als »Gastbeitrag« von George Soros verkaufte, war in Wirklichkeit das Redemanuskript dieser Eröffnungsrede.

Die damals von Condoleezza Rice geleitete Hoover Institution ist einer der mächtigsten Thinktanks der USA und gehört zu den Falken unter den US-Eliten. Daher ist es wenig überraschend, dass man sich Gedanken über China machte – jenes Land, das die USA zu ihrem wichtigsten Gegner erklärt hatten. Soros forderte in seiner Rede unverhohlen einen Regimechange in China, und das mit entlarvenden Gründen.

Seine Rede war ein Lehrbuchbeispiel für Propaganda, wobei natürlich der in solchen Fällen unvermeidliche Nazivergleich nicht fehlen durfte, denn Soros setzte die damals anstehenden olympischen Winterspiele in Peking mit der Olympiade in Berlin 1936 gleich. Dass es Soros – trotz aller schönen Worte in seiner Rede – nicht um Menschenrechte oder »offene Gesellschaften« ging, wurde deutlich, als er auf die wahren Gründe für das US-amerikanische Vorgehen gegen China kam:

> Als ich in den 1980er-Jahren mit dem begann, was ich meine politische Philanthropie nenne, stand die amerikanische Überlegenheit nicht in Frage. Das ist heute nicht mehr der Fall. Warum?[35]

Es geht nicht um Menschenrechte, Demokratie oder ähnliche Losungen, mit denen man vor der für dumm gehaltenen Weltbevölkerung all die Konflikte in der Welt zu rechtfertigen pflegt, die die USA in den letzten 20 Jahren vom Zaun gebrochen haben, sondern ganz banal um Geopolitik. Es geht darum, dass die USA die bis dahin für unumstößlich gehaltene Weltherrschaft (in den USA als »worldwide dominance«

bezeichnet) verloren haben. China ist zu stark geworden und stört den Macht- und Geldhunger der US-Eliten. So banal ist das leider, und das wird auch recht offen gesagt.

In unserer heutigen Welt sind persönliche Daten Macht. Wenn westliche Oligarchen und Konzerne wie Bill Gates, Facebook und Google persönliche Daten sammeln, dann wird uns das als etwas Gutes präsentiert. Wenn aber der Staat China (hierin übrigens weit weniger exzessiv als die westlichen Internetkonzerne) persönliche Daten sammelt, dann ist das schlecht und klingt bei George Soros so:[36]

> Angesichts dieser Vorteile könnte man meinen, dass Xi Jinping, der so aggressiv wie kein anderer Herrscher in der Geschichte persönliche Daten zur Überwachung seiner Bürger sammelt, zwangsläufig erfolgreich sein wird.

Doch Soros' Anliegen war und ist nicht, in China Demokratie, Menschenrechte und eine offene Gesellschaft einzuführen (würde das stimmen, so sollte er eher in Saudi-Arabien aktiv werden), sondern Soros stößt sich daran, dass China den USA beim Sammeln von persönlichen Daten Konkurrenz macht.

Am Ende seiner knapp 20-minütigen Rede forderte Soros einen Regimewechsel in China:[37]

> Es ist zu hoffen, dass Xi Jinping durch jemanden ersetzt wird, der im Inland weniger repressiv und im Ausland friedlicher ist. Dies würde die größte Bedrohung beseitigen, der offene Gesellschaften heute ausgesetzt sind, und sie sollten alles in ihrer Macht Stehende tun, um China zu ermutigen, sich in die gewünschte Richtung zu bewegen.

Es geht also ganz offen darum, China »in die gewünschte Richtung zu bewegen«, und man sollte sich von den wohlklingenden Parolen über

»offene Gesellschaften« keinen Sand in die Augen streuen lassen: Es geht ganz banal nur um Geld und Macht.

Die westlichen »Qualitätsmedien« betrachten es nicht als ihre Aufgabe, diese simplen Wahrheiten zu verbreiten. Stattdessen übernehmen sie wie der *Spiegel* vollkommen kritiklos die Formulierungen von Soros und verbreiten sie als eine Art neues Evangelium. Oder sie machen es wie die *Welt*, drucken die Rede in voller Länge ab und bezeichnen dies als »Gastbeitrag« von Soros.

Die Medien sehen ihre Rolle nicht darin, den Regierungen und den Reichen und Mächtigen auf die Finger zu schauen, sie verstehen sich inzwischen offen als deren Sprachrohre, wie dieses Beispiel einmal mehr aufzeigt.

Und das war keineswegs das einzige derartige Beispiel, ich könnte noch viele zeigen, beschränke mich aber auf ein weiteres.

Im *Spiegel* ist am 1. Juni 2021 ein Gastartikel mit der Überschrift »Gemeinsamer Plan von IWF, WHO, Weltbank und WTO – Wie sich die Pandemie mit 50 Milliarden Dollar beenden ließe« erschienen,[38] den die Chefs von WHO, Weltbank, Welthandelsorganisation (WTO) und Internationalem Währungsfond gemeinsam geschrieben haben. Wenn so wichtige Leute zusammen für den *Spiegel* schreiben, muss das, so denkt sich der Leser, ein sehr wichtiger Artikel sein.

In dem Artikel wird in schönen Worten beschrieben, wie sich die Pandemie mit einer weltweiten Impfkampagne beenden lasse, was »nur« 50 Milliarden kosten würde. Und es klingt so, als würden die Verfasser – IWF, WHO, Weltbank und WTO – das bezahlen. Nur ein Satz verrät, worum es in Wahrheit geht beziehungsweise damals ging:

> Deshalb fordern wir heute die internationale Gemeinschaft auf, eine verstärkte und koordinierte weltweite Impfstrategie zu unterstützen und umzusetzen und mit neuen finanziellen Mitteln zu fördern.

Auch dieser Gastartikel wurde keineswegs exklusiv für den *Spiegel* geschrieben, sondern über das Project Syndicate verbreitet und erschien noch an demselben Tag weltweit in den führenden Medien. Doch sie alle verschwiegen ihren Lesern, dass sie Teil einer vom Project Syndicate gesteuerten weltweiten Medienkampagne waren.

Die Staaten des Westens, also deren Steuerzahler, sollten jene 50 Milliarden lockermachen, mit denen – Überraschung – Impfstoffe und Tests gekauft werden sollten. In dem Artikel wurde nicht erwähnt, dass die westlichen Staaten bereits damals fast ausschließlich den Impfstoff des Pharmakonzerns BioNTech/Pfizer kauften, dessen strategischer Investor Bill Gates ist. Es war nicht schwer zu erraten, an wen der Löwenanteil der 50 Milliarden gehen sollte. Dass Gates einer der wenigen namentlich genannten finanziellen Förderer des Project Syndicate ist, ist natürlich kein Zufall.

Im Übrigen war diese Medienkampagne richtig erfolgreich, denn danach passierte Folgendes: Am 3. August 2021 wurde ein offener Brief mit Forderungen wichtiger NGOs an die Biden-Administration veröffentlicht, in dem man zum Beispiel die Forderung lesen konnte,

> einen »Globalen Impfgipfel« auf Präsidentenebene vor der UN-Generalversammlung im September zu veranstalten, an dem man Führungskräfte des öffentlichen und privaten Sektors aus der ganzen Welt zusammenbringt […] und sich verpflichtet, die notwendigen Maßnahmen zu ergreifen, um Lücken in der Impfstoffversorgung zu schließen und den Finanzierungs- und Kapazitätslücken bei der Verteilung und Bereitstellung von Impfstoffen sowie bei der Schaffung von Nachfrage entgegenzuwirken.[39]

Genau das, nämlich die nötigen Gelder für den Kauf von Impfstoffen einzutreiben, hatte auch der Gastartikel gefordert, und US-Präsident

Biden kündigte Ende September 2021 auf einem virtuellen Gipfeltreffen mit Vertretern von hundert Staaten, das parallel zur Generalversammlung der UNO stattfand, dasselbe an.[40] Es dauerte nur 6 Wochen, und schon hatte Biden den Plan umgesetzt.

Einer der Unterzeichner des offenen Briefes vom 3. August 2021 war Scott Gottlieb. Er signierte als Fellow des American Enterprise Institute und soll einst ein leitender Mitarbeiter der FDA – der Lebensmittelüberwachungs- und Arzneimittelbehörde der USA – gewesen sein. So war das bei allen Teilnehmern, sie alle unterzeichneten als Vertreter »besorgter NGOs«, denen es nur um unser aller Gesundheit ging.

Was wir in dem offenen Brief (und auch in den wenigen Medienberichten darüber) nicht erfahren haben, ist, dass Scott Gottlieb zufälligerweise auch noch Vorstandsmitglied von Pfizer war. Und solche Interessenkonflikte gab es bei allen Unterzeichnern dieses Briefes.

Diese Beispiele zeigen sehr anschaulich, wie die Medien gelenkt werden und wie gewisse Kreise – seien es die US-Oligarchen oder die CIA – die von ihnen gewollten Narrative unter das Volk bringen.

Aber zur Lenkung der Medien gibt es noch mehr Instrumente.

Gates

Da wir im letzten Kapitel auf Soros eingegangen sind, darf natürlich auch Bill Gates nicht fehlen, der sehr viel Geld für Medienberichterstattung ausgibt. Das Schöne ist, dass Gates dabei transparenter ist als Soros, man kann bei Gates also klar erkennen, wen er alles schmiert.

In meinem Buch *Inside Corona*[41] habe ich mich eingehend mit der Macht von Bill Gates beschäftigt und die Datenbank seiner Zuschüsse genau analysiert, was bei weit über 30 000 bezahlten Zuschüssen natürlich nicht erschöpfend sein kann. Jeder Interessierte kann aber in der Datenbank der Gates Foundation die Zuschüsse durchstöbern, die Gates verteilt.[42]

Das Portal »The Grayzone« veröffentlichte im November 2021 einen Artikel darüber. Dass Bill Gates Hunderte Millionen an weltweite Medien bezahlt hat, um deren Berichterstattung in die von Gates gewollte Richtung zu lenken, ist bekannt, und dass in Deutschland zum Beispiel der *Spiegel* regelmäßig Millionen von Gates annimmt, habe ich auch schon mehrmals thematisiert, was dieser gar nicht lustig fand.[43]

The Grayzone hat in seinem Artikel eine sehr ausführliche Liste der Medien und Medienprojekte veröffentlicht, die von Gates mit insgesamt über 300 Millionen Dollar finanziert wurden, wobei diese Liste nicht vollständig ist, wie The Grayzone selbst ausführt und begründet.

Der Punkt ist nämlich, dass man in der Datenbank nicht einfach nach »Zuschüssen für Medien« suchen kann und dann eine komplette Liste ausgespuckt bekommt, sondern jeden Empfänger von Zuschüssen einzeln eingeben muss, um zu sehen, wie viel er wann von Gates bekommen hat. Wer nach Medien sucht, muss also testweise alle

Medien der Welt in die Suchfunktion eingeben, um nachzuschauen, ob eine konkrete Zeitung Geld von Gates erhalten hat.

Daher ist es fast unmöglich, eine vollständige Liste der Zahlungen zu extrahieren, mit denen Bill Gates die Medien für Berichterstattung bezahlt.

Um zu zeigen, wie umfangreich die Zahlungen von Gates an die Medien weltweit sind, übersetze ich hier den Artikel von The Grayzone vom November 2021.[44] Der Artikel ist lang, aber um den Sumpf aufzuzeigen, der sich dahinter verbirgt, zitiere ich ihn komplett.

Dokumente zeigen, dass Bill Gates an Medien 319 Millionen Dollar gezahlt hat, um seine globale Agenda zu fördern

Ein Blick in die Datenbank der Bill and Melinda Gates Foundation deckt auf, wie der Oligarch die globale Pandemiebekämpfung beeinflusst, indem er Hunderte von Medien mit mindestens 319 Millionen Dollar finanzierte.

Dieser Artikel wurde ursprünglich von *Mint Press News* veröffentlicht.

Lesen Sie hier die Untersuchung von The Grayzone über Bill Gates' globales Gesundheitsimperium und seine Propagandamaschine.

Bis zu seiner kürzlichen schmutzigen Scheidung genoss Bill Gates in den Konzernmedien so etwas wie einen Freifahrtschein. Der Mitbegründer von Microsoft wurde generell als freundlicher Nerd dargestellt, der die Welt retten will, und von *The Guardian* sogar ganz unironisch als »Saint Bill« bezeichnet.

Während die Medienimperien anderer Milliardäre relativ gut bekannt sind, ist das Ausmaß, in dem das Geld von Gates die moderne Medienlandschaft prägt, nicht bekannt. Nach Durchsicht von über 30 000 Einzelspenden kann *MintPress* aufdecken, dass die Bill and Melinda Gates Foundation (BMGF) Zuschüsse in Höhe von über 300 Millionen Dollar zur Finanzierung von Medienprojekten gezahlt hat.

Zu den Empfängern dieser Gelder gehören viele der wichtigsten amerikanischen Nachrichtenkanäle wie CNN, NBC, NPR, PBS und *The Atlantic*. Gates sponsert auch eine Vielzahl einflussreicher ausländischer Organisationen, darunter die BBC, *The Guardian*, *The Financial Times* und *The Daily Telegraph* im Vereinigten Königreich, prominente europäische Zeitungen wie *Le Monde* (Frankreich), *Der Spiegel* (Deutschland) und *El País* (Spanien) sowie große globale Fernsehsender wie Al-Jazeera.

Wir haben die von der Gates-Stiftung für Medienprogramme bereitgestellten Mittel in mehrere Abschnitte unterteilt, die in absteigender Reihenfolge aufgeführt sind. Sie alle enthalten einen Link[45] zu den entsprechenden Zuschüssen auf der Website der Organisation.

Direkte Zuschüsse für Medien:

NPR	24 663 066 Dollar
The Guardian (einschließlich TheGuardian.org)	12 951 391 Dollar
Cascade Public Media	10 895 016 Dollar
Public Radio International (PRI.org/TheWorld.org)	7 719 113 Dollar
The Conversation	6 664 271 Dollar
Univision	5 924 043 Dollar
Der Spiegel (Deutschland)	5 437 294 Dollar
Project Syndicate	5 280 186 Dollar
Education Week	4 898,240 Dollar
WETA	4 529 400 Dollar

NBC Universal Media	4 373 500 Dollar
Nation Media Group (Kenia)	4 073 194 Dollar
Le Monde (Frankreich)	4 014 512 Dollar
Bhekisisa (Südafrika)	3 990 182 Dollar
El País	3 968 184 Dollar
BBC	3 668 657 Dollar
CNN	3 600 000 Dollar
KCET	3 520 703 Dollar
Population Communications International (population.org)	3 500 000 Dollar
The Daily Telegraph	3 446 801 Dollar
Chalkbeat	2 672 491 Dollar
The Education Post	2 639 193 Dollar
Rockhopper Productions (U.K.)	2 480 392 Dollar
Corporation for Public Broadcasting	2 430 949 Dollar
UpWorthy	2 339 023 Dollar
Financial Times	2 309 845 Dollar
The 74 Media	2 275 344 Dollar
Texas Tribune	2 317 163 Dollar
Punch (Nigeria)	2 175 675 Dollar
News Deeply	1 612 122 Dollar
The Atlantic	1 403 453 Dollar
Minnesota Public Radio	1 290 898 Dollar
YR Media	1 125 000 Dollar
The New Humanitarian	1 046 457 Dollar
Sheger FM (Äthiopien)	1 004 600 Dollar
Al-Jazeera	1 000 000 Dollar
ProPublica	1 000 000 Dollar
Crosscut Public Media	810 000 Dollar

Grist Magazine	750 000 Dollar
Kurzgesagt	570 000 Dollar
Educational Broadcasting Corp	506 504 Dollar
Classical 98.1	500 000 Dollar
PBS	499 997 Dollar
Gannett	499 651 Dollar
Mail and Guardian (Südafrika)	492 974 Dollar
Inside Higher Ed.	439 910 Dollar
BusinessDay (Nigeria)	416 900 Dollar
Medium.com	412 000 Dollar
Nutopia	350 000 Dollar
Independent Television Broadcasting Inc.	300 000 Dollar
Independent Television Service Inc.	300 000 Dollar
Caixin Media (China)	250 000 Dollar
Pacific News Service	225 000 Dollar
National Journal	220 638 Dollar
Chronicle of Higher Education	149 994 Dollar
Belle and Wissell & Co.	100 000 Dollar
Media Trust	100 000 Dollar
New York Public Radio	77 290 Dollar
KUOW – Puget Sound Public Radio	5310 Dollar

Insgesamt belaufen sich diese Spenden auf 166 216 526 Dollar, und das Geld ist generell für Themen bestimmt, die Gates am Herzen liegen. So wurde der CNN-Zuschuss in Höhe von 3,6 Millionen Dollar für »Berichte über die Gleichstellung der Geschlechter mit besonderem Schwerpunkt auf die am wenigsten entwickelten Ländern verwendet, um Journalismus über die alltäglichen Ungleichheiten zu produzieren, denen Frauen und Mädchen in der ganzen Welt ausgesetzt sind«, während *The Texas Tribune* Millionen erhielt, um »das öffentliche Bewusstsein und das Engagement für Bildungsreformen in Texas zu erhöhen«. Angesichts der Tatsache, dass Bill Gates einer der eifrigsten Befürworter von Charter Schools ist, könnte ein Zyniker dies als Einschleusung von unternehmensfreundlicher Charter-School-Propaganda in die Medien interpretieren, die als objektive Berichterstattung getarnt ist.

Die Gates-Stiftung hat außerdem fast 63 Millionen Dollar an Wohltätigkeitsorganisationen gespendet, die eng mit großen Medienunternehmen verbunden sind, darunter fast 53 Millionen Dollar an BBC Media Action, über 9 Millionen Dollar an die Staying Alive Foundation von MTV und eine Million Dollar an den Neediest Causes Fund der *New York Times.* Auch wenn die Spenden an den philanthropischen Arm eines Medienunternehmens nicht speziell zur Finanzierung des Journalismus dienen, sollten sie dennoch beachtet werden.

Gates unterstützt auch weiterhin ein breites Netzwerk von Zentren für investigativen Journalismus mit insgesamt 38 Millionen Dollar, von denen mehr als die Hälfte an das International Center for Journalists mit Sitz in Washington, D. C., gegangen sind, um die afrikanischen Medien zu entwickeln und auszubauen.

Zu diesen Zentren gehören:

International Center for Journalists	20 436 938 Dollar
Premium Times Centre for Investigative Journalism (Nigeria)	3 800 357 Dollar
The Pulitzer Center for Crisis Reporting	2 432 552 Dollar
Fondation EurActiv Politech	2 368 300 Dollar
International Women's Media Foundation	1 500 000 Dollar
Center for Investigative Reporting	1 446 639 Dollar
InterMedia Survey institute	1 297 545 Dollar
The Bureau of Investigative Journalism	1 068 169 Dollar

Internews Network	985 126 Dollar
Communications Consortium Media Center	858 000 Dollar
Institute for Nonprofit News	650 021 Dollar
The Poynter Institute for Media Studies	382 997 Dollar
Wole Soyinka Centre for Investigative Journalism (Nigeria)	360 211 Dollar
Institute for Advanced Journalism Studies	254 500 Dollar
Global Forum for Media Development (Belgien)	124 823 Dollar
Mississippi Center for Investigative Reporting	100 000 Dollar

Darüber hinaus versorgt die Gates-Stiftung auch Presse- und Journalistenverbände mit Geld in Höhe von mindestens 12 Millionen Dollar. So hat beispielsweise die National Newspaper Publishers Association – eine Gruppe, die mehr als 200 Zeitungen vertritt – 3,2 Millionen Dollar erhalten.

Die Liste dieser Organisationen umfasst:

Education Writers Association	5 938 475 Dollar
National Newspaper Publishers Association	3 249 176 Dollar
National Press Foundation	1 916 172 Dollar
Washington News Council	698 200 Dollar
American Society of News Editors Foundation	250 000 Dollar
Reporters Committee for Freedom of the Press	25 000 Dollar

Die Gates-Stiftung stellt in Form von Stipendien, Kursen und Workshops auch Geld für die direkte Ausbildung von Journalisten in der ganzen Welt zur Verfügung. Es ist heute möglich, sich dank eines Stipendiums der Gates-Stiftung zum Reporter ausbilden zu lassen, eine

Stelle bei einem von Gates finanzierten Unternehmen zu finden und einem von Gates finanzierten Presseverband anzugehören. Das gilt insbesondere für Journalisten, die in den Bereichen Gesundheit, Bildung und globale Entwicklung tätig sind, also in den Bereichen, in denen Gates selbst am aktivsten ist und in denen eine genaue Prüfung der Handlungen und Motive des Milliardärs am notwendigsten ist.

Die Gates Foundation gewährt Zuschüsse für die Ausbildung von Journalisten an:

Johns Hopkins University	1 866 408 Dollar
Teachers College, Columbia University	1 462 500 Dollar
University of California Berkeley	767 800 Dollar
Tsinghua University (China)	450 000 Dollar
Seattle University	414 524 Dollar
Institute for Advanced Journalism Studies	254 500 Dollar
Rhodes University (South Africa)	189 000 Dollar
Montclair State University	160 538 Dollar
Pan-Atlantic University Foundation	130 718 Dollar
World Health Organization	38 403 Dollar
The Aftermath Project	15 435 Dollar

Die BMGF finanziert auch eine breite Palette spezifischer Medienkampagnen in der ganzen Welt. So hat sie beispielsweise seit 2014 5,7 Millionen Dollar an die Population Foundation of India gespendet, um Theaterstücke zur Förderung der sexuellen und reproduktiven Gesundheit zu entwickeln, mit dem Ziel, die Zahl der Familienplanungsmethoden in Südasien zu erhöhen. Außerdem hat sie einer senegalesischen Organisation über 3,5 Millionen Dollar für die Entwicklung von Radiosendungen und Onlineinhalten mit Gesundheitsinformationen zur

Verfügung gestellt. Befürworter sehen darin eine Hilfe für kritisch unterfinanzierte Medien, während Gegner dies als einen Fall betrachten, in dem ein Milliardär sein Geld benutzt, um seine Ideen und Meinungen in die Presse zu pflanzen.

Von der Gates-Stiftung unterstützte Medienprojekte:

European Journalism Centre	20 060 048 Dollar
World University Service of Canada	12 127 622 Dollar
Well Told Story Limited	9 870 333 Dollar
Solutions Journalism Inc.	7 254 755 Dollar
Entertainment Industry Foundation	6 688 208 Dollar
Population Foundation of India	5 749 826 Dollar
Participant Media	3 914 207 Dollar
Réseau Africain de l'Education pour la santé	3 561 683 Dollar
New America	3 405 859 Dollar
AllAfrica Foundation	2 311 529 Dollar
Steps International	2 208 265 Dollar
Center for Advocacy and Research	2 200 630 Dollar
The Sesame Workshop	2 030 307 Dollar
Panos Institute West Africa	1 809 850 Dollar
Open Cities Lab	1 601 452 Dollar
Harvard University	1 190 527 Dollar
Learning Matters	1 078 048 Dollar
The Aaron Diamond Aids Research Center	981 631 Dollar
Thomson Media Foundation	860 628 Dollar
Communications Consortium Media Center	858 000 Dollar
StoryThings	799 536 Dollar
Center for Rural Strategies	749 945 Dollar

The New Venture Fund	700 000 Dollar
Helianthus Media	575 064 Dollar
University of Southern California	550 000 Dollar
World Health Organization	530 095 Dollar
Phi Delta Kappa International	446 000 Dollar
Ikana Media	425 000 Dollar
Seattle Foundation	305 000 Dollar
EducationNC	300 000 Dollar
Beijing Guokr Interactive	300 000 Dollar
Upswell	246 918 Dollar
The African Academy of Sciences	208 708 Dollar
Seeking Modern Applications for Real Transformation (SMART)	201 781 Dollar
Bay Area Video Coalition	190 000 Dollar
PowHERful Foundation	185 953 Dollar
PTA Florida Congress of Parents and Teachers	150 000 Dollar
ProSocial	100 000 Dollar
Boston University	100 000 Dollar
National Center for Families Learning	100 000 Dollar
Development Media International	100 000 Dollar
Ahmadu Bello University	100 000 Dollar
Indonesian eHealth and Telemedicine Society	100 000 Dollar
The Filmmakers Collaborative	50 000 Dollar
Foundation for Public Broadcasting in Georgia Inc.	25 000 Dollar
SIFF	13 000 Dollar

Insgesamt 97 315 408 Dollar.

319,4 Millionen Dollar und (viel) mehr

Zusammengerechnet ergeben diese von Gates gesponserten Medienprojekte eine Summe von 319,4 Millionen Dollar. Diese nicht erschöpfende Liste weist jedoch deutliche Mängel auf, sodass die tatsächliche Summe zweifellos weitaus höher ist. Erstens werden hier keine Unterzuschüsse erfasst, also Gelder, die von den Empfängern an Medien in der ganzen Welt vergeben werden. Und obwohl die Gates Foundation den Ruf von Offenheit über sich selbst verbreitet, gibt es tatsächlich kaum öffentliche Informationen darüber, was mit dem Geld aus den einzelnen Zuschüssen geschieht, abgesehen von einer kurzen, ein- oder zweisätzigen Beschreibung, die die Stiftung selbst auf ihrer Website verfasst hat. Gezählt wurden nur Spenden an Presseorganisationen selbst oder an Projekte, die aus den Informationen auf der Website der Gates Foundation als Medienkampagnen identifiziert werden konnten, was bedeutet, dass Tausende von Zuschüssen, die ein Medienelement enthalten, in dieser Liste nicht auftauchen. [Anmerkung des Übersetzers: Dass Tausende Zuschüsse nicht auftauchen, dürfte keine Übertreibung sein, denn in der Datenbank der Zuschüsse der Gates-Stiftung[46] sind derzeit insgesamt über 31 000 Zuschüsse aufgelistet.)

Ein Beispiel dafür ist die Partnerschaft der BMGF mit ViacomCBS, dem Unternehmen, das CBS News, MTV, VH1, Nickelodeon und BET kontrolliert. Medienberichten zufolge bezahlte die Gates-Stiftung den Unterhaltungsriesen dafür, dass er Informationen und Werbespots in sein Programm einfügte, und dass Gates eingriff, um Handlungsstränge in beliebten Sendungen wie *Emergency Room* und *Law & Order* zu ändern.[47]

Bei der Überprüfung der BMGF-Zuschussdatenbank sind »Viacom« und »CBS« jedoch nirgends zu finden, und der fragliche Zuschuss (in Höhe von insgesamt über 6 Millionen Dollar) beschreibt das Projekt lediglich als »Kampagne zur Förderung des öffentlichen Engagements, die auf die Verbesserung der Abschlussquoten in der Highschool und der postsekundären Bildung abzielt und sich speziell an Eltern und Studenten richtet«, was bedeutet, dass er in der offiziellen Gesamtsumme nicht berücksichtigt wurde. Es gibt sicherlich noch viele weitere Beispiele wie dieses. »Für eine steuerbegünstigte Wohltätigkeitsorganisation, die so oft die Bedeutung von Transparenz beteuert, ist es bemerkenswert, wie sehr die Gates-Stiftung ihre Finanzströme geheim hält«, sagte Tim Schwab *MintPress* gegenüber, einer der wenigen investigativen Journalisten, die den Techmilliardär unter die Lupe genommen haben.

Ebenso wenig enthalten sind Zuschüsse für die Erstellung von Artikeln für Fachzeitschriften. Diese Artikel sind zwar nicht für den Massenkonsum bestimmt, bilden aber regelmäßig die Grundlage für Berichte in der Mainstream-Presse und tragen dazu bei, die Berichterstattung über wichtige Themen zu prägen. Die Gates-Stiftung hat weit und breit akademische Quellen unterstützt, wobei mindestens 13,6 Millionen Dollar in die Erstellung von Inhalten für die angesehene medizinische Zeitschrift *The Lancet* geflossen sind.

Und natürlich landen auch Gelder, die Universitäten für reine Forschungsprojekte zur Verfügung gestellt werden, in akademischen Zeitschriften und schließlich in den Massenmedien. Akademiker stehen unter starkem Druck, ihre Ergebnisse in angesehenen Zeitschriften zu veröffentlichen; »publish or perish« ist das Mantra in den Universitätsabteilungen. Daher hat auch diese Art von Zuschüssen Auswirkungen auf unsere Medien. Weder diese noch die Zuschüsse für den Druck von Büchern oder die Einrichtung von Websites werden in der Gesamtsumme berücksichtigt, obwohl auch sie zu den Medien gehören.

Unauffälliges Profil, lange Tentakel

Im Vergleich zu anderen Techmilliardären hat Gates sein Profil als Medienkontrolleur relativ unauffällig gehalten. Der Kauf der *Washington Post* für 250 Millionen Dollar durch Amazon-Gründer Jeff Bezos im Jahr 2013 war ebenso eine sehr klare und offensichtliche Form der Medienbeeinflussung wie die Gründung von First Look Media durch eBay-Gründer Pierre Omidyar, jenem Unternehmen, das Eigentümer von *The Intercept* ist.

Obwohl sie eher unter dem Radar fliegen, haben Gates und seine Unternehmen einen beträchtlichen Einfluss auf die Medien angehäuft. Wir verlassen uns bereits auf Produkte von Microsoft, wenn es um Kommunikation (beispielsweise Skype, Hotmail), soziale Medien (LinkedIn) und Unterhaltung (Microsoft Xbox) geht. Darüber hinaus stammt die Hard- und Software, die wir zur Kommunikation nutzen, häufig von dem 66-jährigen Mann aus Seattle. Wie viele Menschen, die diese Zeilen lesen, tun das auf einem Microsoft Surface oder einem Windows Phone, und zwar über Windows OS? Und nicht nur das: Microsoft besitzt Anteile an Mediengiganten wie Comcast und AT&T. Und das »MS« in MSNBC steht für Microsoft.

Medien als »Gates-Keeper«

Die Tatsache, dass die Gates-Stiftung einen bedeutenden Teil unseres Medien-Ökosystems finanziert, führt zu ernsthaften Problemen mit der Objektivität. »Die Zuschüsse der Stiftung an Medienorganisationen […] werfen offensichtliche Fragen über Interessenkonflikten auf: Wie kann die Berichterstattung unvoreingenommen sein, wenn ein wichtiger Akteur die finanziellen Fäden in der Hand hält?«, schrieb 2011 die Lokalzeitung *Seattle Times* aus Gates' Heimatstadt. Das war, noch bevor die Zeitung Gelder der Gates-Stiftung zur Finanzierung ihrer Rubrik »Education Lab« angenommen hat.

Schwabs Recherchen haben ergeben, dass dieser Interessenkonflikt bis ganz nach oben reicht: Zwei Kolumnisten der *New York Times* schreiben seit Jahren begeistert über die Gates-Stiftung, ohne offenzulegen, dass sie auch für eine Gruppe arbeiten – das Solutions Journalism Network –, die, wie oben gezeigt, über 7 Millionen Dollar von der Wohltätigkeitsorganisation des Techmilliardärs erhalten hat.

Anfang dieses Jahres lehnte Schwab es auch ab, für das Bureau of Investigative Journalism über COVAX zu berichten, da er vermutete, dass das Geld, das Gates in die Organisation pumpt, es unmöglich machen würde, über ein Thema zu berichten, das Gates sehr am Herzen liegt. Als der Artikel letzten Monat veröffentlicht wurde, wurde darin die Behauptung wiederholt, dass Gates wenig mit dem Scheitern von COVAX zu tun habe, und der Artikel spiegelte die Haltung der BMGF wider, die er durchgehend zitierte. Erst ganz am Ende der mehr als 5000 Wörter langen Geschichte wurde enthüllt, dass die Organisation, die sie verteidigte, die Löhne ihrer Mitarbeiter bezahlte.

> »Ich glaube nicht, dass Gates dem Bureau of Investigative Journalism gesagt hat, was es schreiben soll. Ich denke, dass dem Büro implizit, wenn auch unbewusst, klar war, dass man einen Weg finden musste, um diese Geschichte zu erzählen, ohne ihren Geldgeber ins Visier zu nehmen. Die verzerrenden Auswirkungen finanzieller Konflikte sind komplex, aber sehr real und zuverlässig«, sagte Schwab und beschrieb den Fall als »eine Fallstudie über die Gefahren des von Gates finanzierten Journalismus«.

MintPress hat die Bill and Melinda Gates Foundation auch um eine Stellungnahme gebeten, doch diese hat nicht geantwortet.

Gates, der sein Vermögen durch den Aufbau eines Monopols und die eifrige Bewahrung seines geistigen Eigentums angehäuft hat, trägt eine erhebliche Verantwortung für das Scheitern der weltweiten Einführung des Impfstoffs gegen das Coronavirus. Ganz abgesehen vom COVAX-Fiasko setzte er die Universität Oxford unter Druck,[48] ihren öffentlich finanzierten Impfstoff nicht als Open Source und für alle kostenlos zur Verfügung zu stellen, sondern stattdessen eine Partnerschaft mit dem Privatunternehmen AstraZeneca einzugehen, eine Entscheidung, die dazu führte, dass diejenigen, die nicht zahlen konnten, von der Verwendung des Impfstoffs ausgeschlossen waren. Die Tatsache, dass Gates der Universität über 100 Zuschüsse in Höhe von Hunderten von Millionen Dollar zukommen ließ,[49] dürfte bei dieser Entscheidung eine gewisse Rolle gespielt haben. Bis heute haben weniger als 5 Prozent[50] der Menschen in Ländern mit niedrigem Einkommen auch nur eine Dosis des Covid-19-Impfstoffs erhalten. Die Anzahl der Todesopfer dadurch ist immens.

Leider werden viele dieser echten Kritikpunkte an Gates und seinem Netzwerk durch wilde und unwahre Verschwörungstheorien über Dinge wie das Einsetzen von Mikrochips in Impfstoffe zur Kontrolle der Bevölkerung verdeckt. Das hat dazu geführt, dass echte Kritik an dem Microsoft-Mitbegründer oft demonetisiert und algorithmisch unterdrückt wird, was bedeutet, dass Medien davon abgehalten werden, über das Thema zu berichten, da sie wissen, dass sie sonst wahrscheinlich Geld verlieren. Die Tatsache, dass das zweitreichste Individuum der Welt so wenig unter die Lupe genommen wird, nährt wiederum haarsträubende Verdächtigungen.

Das hat Gates sicherlich verdient. Abgesehen von seinen tiefen und möglicherweise jahrzehntelangen Verbindungen zu dem berüchtigten Jeffrey Epstein, seinen Versuchen, die afrikanische Gesellschaft radikal zu verändern,[51] und seinen Investitionen in den umstrittenen Chemiegiganten Monsanto[52] ist er vielleicht die treibende Kraft hinter der amerikanischen Charter-School-Bewegung – einem Versuch, das US-Bildungssystem im Wesentlichen zu privatisieren. Charter Schools sind bei den Lehrergewerkschaften äußerst unbeliebt, denn sie sehen in dieser Bewegung einen Versuch, ihre Autonomie einzuschränken und die öffentliche Kontrolle darüber zu verringern, wie und was Kindern unterrichtet wird.

Bis hin zur Bank

In den meisten Berichten werden die Spenden von Gates weitgehend als altruistische Gesten dargestellt. Viele haben jedoch auf die inhärenten Mängel dieses Modells und darauf hingewiesen, dass Milliardäre, die entscheiden können, was sie mit ihrem Geld tun, die öffentliche Agenda bestimmen können, was ihnen enorme Macht über die Gesellschaft verleiht. »Philanthropie kann und wird absichtlich eingesetzt, um die Aufmerksamkeit von verschiedenen Formen wirtschaftlicher Ausbeutung abzulenken, die der heutigen globalen Ungleichheit zugrunde liegen«, sagt Linsey McGoey, Professorin für Soziologie an der University of Essex, Großbritannien, und Autorin von *No Such Thing as a Free Gift: The Gates Foundation and the Price of Philanthropy.*[53]

Sie fügt hinzu: »Der neue ›Philanthrokapitalismus‹ bedroht die Demokratie, indem er die Macht des Unternehmenssektors auf Kosten des öffentlichen Sektors stärkt, der zunehmend mit Haushaltsengpässen konfrontiert ist, und zwar zum Teil dadurch, dass gewinnorientierte Organisationen übermäßig für die Erbringung öffentlicher Dienstleistungen entlohnt werden, die ohne Beteiligung des privaten Sektors kostengünstiger erbracht werden könnten.«

Wohltätigkeit ist, wie der ehemalige britische Premierminister Clement Attlee bemerkte, »eine kalte, graue, lieblose Sache. Wenn ein reicher Mann den Armen helfen will, sollte er einfach gerne seine Steuern zahlen und nicht aus einer Laune heraus Geld verteilen.«

Das bedeutet weder, dass die Organisationen, die Gates' Geld erhalten – seien es Medien oder andere –, unrettbar korrupt sind, noch dass die Gates Foundation nichts Gutes in der Welt tut. Aber es führt zu einem eklatanten Interessenkonflikt, bei dem genau die Institutionen, auf die wir uns verlassen, um einen der reichsten und mächtigsten Männer in der Geschichte des Planeten zur Rechenschaft zu ziehen, im Stillen von ihm finanziert werden. Dieser Interessenkonflikt wird von den Medien weitgehend ignoriert, während der vermeintlich altruistische Philanthrop Gates immer reicher wird und sich ins Fäustchen lacht.

Gehen wir nun einmal durch, was das im Einzelnen bedeutet. Was sagt es beispielsweise aus, wenn Gates »Investigativen Journalismus« finanziert?

Investigativer Journalismus ist unentbehrlich, denn er deckt Missstände auf. Diese Missstände betreffen für gewöhnlich die Reichen und Mächtigen, wenn zum Beispiel Arbeitsbedingungen hinter den gesetzlichen Anforderungen zurückbleiben, weil ein Unternehmer dadurch mehr Geld verdient, oder wenn die zuständigen Leiter von Behörden wegschauen, weil sie mit dem Unternehmer eng verbandelt sind.

Das sind willkürliche Beispiele, aber solche Missstände haben in aller Regel eines gemeinsam: Sie kommen zustande, wenn jemand seinen Reichtum und seine Macht mit unlauteren oder gar illegalen Mitteln anhäufen möchte und das ungestört tun kann, weil die Regierung und/oder die Behörden fünfe gerade sein lassen, da sie ebenfalls davon profitieren, zum Beispiel durch Bestechung. Diese Bestechung muss nicht durch den berühmten Briefumschlag mit Geld erfolgen, es kann auch ein lukratives Jobangebot für einen Politiker oder etwas anderes dieser Art sein.

Da **echte** investigative Journalisten solche Missstände aufdecken und öffentlich machen, sind sie außerordentlich wichtig. Genau deshalb sind sie aber den Reichen und Mächtigen ebenso wie den Regierungen auch ein Dorn im Auge. Was liegt für eben diese reichen und mächtigen Menschen also näher, als zu versuchen, investigative Journalisten unter ihre Kontrolle zu bekommen und den investigativen Journalismus auf diese Weise auszutrocknen und in eine Show zu verwandeln – und dafür zu sorgen, dass investigative Journalisten bei bestimmten Themen nicht mehr so genau hinschauen, sondern sich lieber anderen Themen zuwenden?

Es gibt zwar Netzwerke, Organisationen und NGOs, die nach offizieller Lesart den investigativen Journalismus fördern und unterstützen, doch in diesen Netzwerken organisierte Journalisten drohen, wenn sie wirklich investigativ und kritisch arbeiten würden, ein riesiges

Ärgernis für all jene zu werden, die über Seilschaften, Vetternwirtschaft, Korruption, Machtmissbrauch und so weiter Macht und Geld anhäufen wollen. Daher sei auch hier gefragt: Was liegt aus Sicht der Reichen und Mächtigen näher, als diese Netzwerke investigativer Journalisten unter ihre Kontrolle zu bringen?

Bill Gates fördert mit insgesamt 38 Millionen Dollar ein breites Netzwerk von »Zentren für investigativen Journalismus«. Mehr als die Hälfte dieses Geldes ist an das International Center for Journalists mit Sitz in Washington, D. C., gegangen. Dieses Center wurde 1984 gegründet, um den (investigativen) Journalismus weltweit zu fördern.

Das Center wirbt für Transparenz, ist bei seinen eigenen Finanzen aber ausgesprochen intransparent und rühmt sich, die Privatsphäre seiner Spender streng zu schützen.[54] Daher findet man auf seiner Seite keine Angaben darüber, wer ihm wie viel gespendet hat. In seinem Finanzabschluss findet man lediglich die Information, dass es 2020 14,5 Millionen Dollar von »Stiftungen und US-Regierungsbehörden« bekommen hat.[55] Das ist der Löwenanteil seiner Gesamteinnahmen in Höhe von 16,5 Millionen Dollar.

Allerdings gibt es im Jahresbericht 2021 eine Liste der Spender.[56] Diese umfasst die »üblichen Verdächtigen«, die man immer wieder dabei erwischt, wie sie Organisationen und Projekte zur Lenkung der öffentlichen Meinung finanzieren: das National Endowment for Democracy, Luminate, alle großen US-Internetkonzerne, das US-Verteidigungsministerium, USAID und natürlich die Bill and Melinda Gates Foundation. So stellen sie sicher, dass sich dieses Netzwerk nicht gegen sie wendet, denn ohne ihre Spenden würde es über 80 Prozent seiner Einnahmen verlieren.

Bei den Finanziers des Center for Journalists handelt es sich also um Regierungsbehörden und Milliardäre, die kein Interesse an investigativem Journalismus haben, weil der ihnen auf die Finger schauen würde. Oder glauben Sie, dass das Pentagon ein Interesse daran hat, dass investigative Journalisten danach graben, was das Pentagon so alles an gefälschten Meldungen oder Videos gestreut hat, um die öffentliche Meinung in die gewollte Richtung zu manipulieren?

Oder einfacher ausgedrückt: Das International Center for Journalists lässt sich ausgerechnet von denen bezahlen, die wirkliche Journalisten normalerweise kritisch überprüfen sollten.

Bill Gates zahlt dem Center Zuschüsse in Höhe von bisher knapp 20 Millionen Dollar für Projekte, die mit Afrika zu tun haben.[57] Da die Projektbeschreibungen, die die Bill and Melinda Gates Foundation veröffentlicht, nur aus einem oder zwei allgemein formulierten Sätzen bestehen und die Details der dem zugrunde liegenden Verträge nicht öffentlich sind, können wir nur grob einschätzen, worum es Bill Gates dabei geht.

Sehen wir uns die Programme genauer an, finden wir zum Beispiel heraus, dass die Gates Foundation das International Center for Journalists derzeit dafür bezahlt, dass führende Medien in Afrika verstärkt über die Themen Gesundheit und Entwicklung berichten sollen. Die Förderung lief von November 2016 bis November 2022.[58]

Und wie es der Zufall will, sind das die zentralen Anliegen der Bill and Melinda Gates Foundation, denn die setzt sich laut eigenen Angaben vor allem für drei Themen ein: globale Gesundheit, globale Entwicklung und Bildungsprogramme in den USA. Um zu verstehen, was das bedeutet und warum Gates diese Bereiche fördert, müssen wir uns damit befassen, was diese sogenannte »Philanthropie« in Wirklichkeit bedeutet.

Wer glaubt, dass »Philanthropen« ihr Geld selbstlos mit vollen Händen zur Rettung der Welt verschenken, liegt falsch. Die Stiftungen der »Philanthropen« sind in Wirklichkeit ein Geschäftsmodell, und das funktioniert wie folgt: Ein Milliardär überführt sein Vermögen in eine Stiftung, sodass er dafür praktisch keine Steuern mehr bezahlen muss. Dann ruft er ein Projekt mit einem wohlklingenden Namen ins Leben und spendet hierfür öffentlichkeitswirksam zum Beispiel 100 Millionen Dollar. Die Medien schreiben begeisterte Berichte, und die westlichen Staaten unterstützen das Projekt mit riesigen Summen wie insgesamt 20 Milliarden.

Dieses Geld fließt in das von dem »Wohltäter« kontrollierte Projekt, und er entscheidet, wofür das Geld ausgegeben wird. Wie es der Zufall will, wird das Geld daraufhin verwendet, um bei Firmen einzukaufen, an denen der »wohltätige Philanthrop« beteiligt ist. Er hat sich mit 100 Millionen Zugriff auf 20 000 Millionen gesichert. Das habe ich mir nicht ausgedacht, sondern ist ein Beispiel aus der Praxis, das sich während der Covid-19-Pandemie genau so zugetragen hat.[59]

Aus diesem banalen Grund vermehren »Philanthropen« schnell ihren Reichtum, obwohl sie doch laut den Medien ihr Vermögen selbstlos verschenken, um die Welt zu retten. Dass die Medien diesen Skandal nicht thematisieren, hat zwei Gründe: Erstens werden die Medien von den »Philanthropen« großzügig beschenkt, und zweitens gehören die westlichen »Qualitätsmedien« selbst Stiftungen an (der Bertelsmann Stiftung, Axel Springer Stiftung, Brost-Stiftung, *Spiegel*-Stiftung etc.). Die Medien haben also kein Interesse daran, das System zu kritisieren, von dem sie selbst profitieren.

Da Bill Gates in Afrika sehr aktiv ist und viel Geld verdient, fördert er dort auch sehr intensiv Journalismusprojekte, die seinen eigenen Projekten in die Hände spielen. Wie das funktioniert, zeige ich anhand einer kurzen Leseprobe aus meinem Buch *Inside Corona* auf:

> 2006 hat die Bill and Melinda Gates Foundation zusammen mit der Rockefeller Foundation die Alliance for a Green Revolution in Africa (AGRA; deutsch: »Allianz für eine Grüne Revolution in Afrika«) gegründet, die sich folgendes Ziel gesetzt hatte: bis 2020 die Ernährungsunsicherheit in 20 Ländern um 50 % zu reduzieren, die Einkommen von 20 Millionen Kleinbauern zu verdoppeln und 15 Ländern eine Grüne Revolution zu ermöglichen, die Kleinbauern unterstützt, die Umwelt schützt, und die

> Anpassung an den Klimawandel erleichtert. Alleine Bill Gates hat AGRA über 600 Millionen Dollar zukommen lassen.
>
> 2016 hat eine Studie von GlobalJusticeNow herausgearbeitet, worum es bei dem Projekt tatsächlich geht. Das Projekt von Gates und Rockefeller konzentriert sich nicht etwa auf die schwachen Regionen Afrikas, sondern auf die landwirtschaftlich erfolgreichsten Regionen, in denen das Saatgut noch zwischen den örtlichen Bauern getauscht wurde, sprich: die Millionen Kleinbauern züchten und tauschen untereinander das wertvolle Saatgut ihrer Pflanzen.
>
> Da Gates und Rockefeller aber an Konzernen wie Monsanto, Dow Chemical, BASF, Bayer und anderen beteiligt waren, hatte deren »Hilfsprogramm« zwei Ziele: Erstens sollten die Bauern auf Hybridsaatgut, also genetisch verändertes Saatgut, umsteigen. Zweitens sollten sie mehr chemische Düngemittel einsetzen. All das diente offiziell natürlich dem Ziel, die lokale Landwirtschaft effektiver zu machen und so den Hunger zu bekämpfen.
>
> Die von Gates und Rockefeller gegründete AGRA setzte sich dafür ein, dass nur noch zertifiziertes Saatgut gehandelt werden sollte, wodurch der Handel mit bäuerlichem Saatgut illegal geworden wäre. Das »geistige Eigentum« der Patente von genmanipulierten Hybridsaatgut sollte gesetzlich geschützt werden, was den Agrarkonzernen neue Märkte und Monopole erschließen würde.[60]

Dass man ein Programm, bei dem man Milliarden verdienen will, medial flankieren und unterstützen muss, liegt auf der Hand. Und wie es der Zufall wollte, hat die Gates Foundation im Oktober 2007 – ein Jahr nach der Gründung von AGRA – angefangen, die Afrikaprojekte des International Center for Journalists mit Millionen Dollar zu fördern. Das erste große Förderprogramm hatte den Titel »Unterstützung von Stipendien mit großer Wirkung zur Verbesserung der Berichterstattung über armuts- und entwicklungsbezogene Themen in afrikanischen Zielmärkten, um politische Entscheidungen zu untermauern und Gesundheitsergebnisse zu fördern«.[61]

Es ging also nicht nur darum, das von AGRA gewünschte Thema in den Fokus afrikanischer Medien zu rücken, sondern auch darum, dies in »Zielmärkten« zu tun und dort die nötigen politischen Entscheidungen zu beeinflussen, um AGRA umzusetzen. Kann man es offener sagen?

Das ist nur eines von vielen Beispielen dafür, wie Bill Gates über »Förderprogramme für Journalismus« die Berichterstattung und damit die öffentliche Meinung in die von ihm gewollte Richtung lenkt, was ihm danach die Möglichkeit gibt, Geld und Macht zu mehren, wie das schon gezeigte Beispiel über den »Impfgipfel« gezeigt hat, der angeblich von einem »Gastartikel« initiiert wurde.

Sollte jemand auf die Idee kommen, Behauptungen aufzustellen, wie ich es hier tue, dann steht sofort eine ganze Armee sogenannter Faktenchecker bereit, um sie zu widerlegen. Diese selbst ernannten Kontrolleure sind heute zu einer Art Wahrheitsministerium geworden, denn sie legen fest, was wahr ist und was nicht.

Sie sind jedoch keineswegs unabhängig, wie sie gerne behaupten. Das Medienunternehmen Correctiv zum Beispiel zählt zu seinen Unterstützern 2021 die Rudolf Augstein Stiftung, die Correctiv jedes Jahr fünfstellige Summen spendet.[62] Nur wie soll Correctiv dem *Spiegel* objektiv und kritisch auf die Finger schauen, wenn er Correctiv bezahlt? Gleiches gilt für andere Mainstream-Medien, denn in der Führungsetage von Correctiv[63] sitzen viele aktive oder ehemalige Chefredakteure der großen deutschen Medien.

Darüber hinaus lässt sich Correctiv von den Reichen und Mächtigen bezahlen, obwohl dieses »gemeinwohlorientierte Medienhaus«

gerade auch sie im Auge haben sollte. Correctiv nennt für 2021 unter anderem ein paar Vertreter, die mir aus meinen Recherchen über die Macht von Milliardärsstiftungen bestens vertraut sind. So bekam Correctiv 2021 Geld von den Open Society Foundations von George Soros, der Adessium-Stiftung, der Stiftung Luminate – Omidyar Network Foundation und der Mercator Stiftung.

Dies gilt für alle selbst ernannten Faktenchecker der Welt. Sie alle bekommen viel Geld von einer kleinen Anzahl von Milliardärsstiftungen, die sich in der Finanzierung der verschiedenen Faktenchecker jedes Jahr abwechseln, damit es weniger auffällt, dass die Geldgeber stets die »üblichen Verdächtigen« sind, sich also immer aus demselben kleinen Kreis westlicher Oligarchen rekrutieren.

Da ich in meinem Buch *Inside Corona* an einem Beispiel aufgezeigt habe, wie so etwas läuft, bringe ich hier eine weitere Leseprobe daraus:

> Da ist es hilfreich, dass man sich im Westen sein eigenes »Wahrheitsministerium« gründen kann, was heute »Faktenchecker« genannt wird und gegen »Fake News« vorgeht. Wenn ein Faktenchecker (und die haben heute alle Medien) die Fakten »checkt«, dann sollen die Leser das Gefühl bekommen, dies sei die Wahrheit, die reine Wahrheit und vor allem die einzige Wahrheit.
>
> Dazu hat sich der Wellcome Trust zusammen mit Gleichgesinnten 2015 First Draft News gegründet, die neben dem Wellcome Trust vom Facebook Journalism Project, der Ford Foundation, der Google News Initiative, den Open Society Foundations von George Soros, Twitter und anderen finanziert werden und uns erzählen, was die Wahrheit ist und was Falschinformationen sind. Und natürlich erfahren wir bei First News Draft auch alle »Wahrheiten« über Covid-19-Impfungen.

Oder zumindest erfahren wir dort das, wovon der Wellcome Trust und seine Milliardärsfreunde wollen, dass wir es für die Wahrheit halten. Solche Organisationen gibt es viele, sie sind jede für sich unwichtig, aber in der Masse schaffen sie beim Leser das Gefühl, dass ganz viele unabhängige Organisationen und Experten zu dem gleichen Schluss kommen, also muss das ja die Wahrheit sein.

So hat der *Spiegel* zum Beispiel schon im April 2020, als die Pandemie gerade erst begonnen hatte und es noch gar keine Impfstoffe gab, unter der Überschrift »Verschwörungstheoretiker hetzen gegen Bill Gates«[64] davor gewarnt, dass »Verschwörungstheoretiker den Glauben an Covid-Impfungen untergraben« könnten. Im *Spiegel* war zu lesen:

»Claire Wardle, Leiterin der Faktencheck-Organisation First Draft, fürchtet, dass die Hetze gegen Gates zum Beispiel dazu beitragen könne, dass das Vertrauen in Impfungen sinke.«

Wer nicht weiß, was First Draft News ist, der hält die Organisation für seriös, denn sie ist ja laut *Spiegel* eine »Faktencheck-Organisation«, dabei ist das nur ein bezahltes PR-Organ des Wellcome Trust und seiner Freunde. Derartige kleine Organisationen wie First Draft News gibt es viele und sie kosten nicht viel, nur Büromiete und Gehälter für eine Handvoll Mitarbeiter. Das sind Peanuts im Vergleich zu den sonst eingesetzten Summen, aber die Wirkung auf die Öffentlichkeit ist sehr groß, weil man sich in einem Presseartikel problemlos auf eine ganze Reihe von Organisationen mit wohlklingenden Namen berufen kann, die die gewollte Meinung bestätigen.

> Dass diese Organisationen von denen gegründet und bezahlt werden, die wollen, dass diese Meinung verbreitet wird, müssen die Leser der »Qualitätsmedien« ja nicht wissen.[65]

Um noch seriöser zu wirken, gibt es sogar eine weltweite Dachorganisation der Faktenchecker. In den USA hatte sich eine Zeitung in Florida schon 1975 einen eigenen Faktenchecker gegründet, das sogenannte Poynter Institute. Inzwischen eine mächtige Organisation im Kreise der selbst ernannten Wahrheitswächter, hat 2015 Poynter das Internationale Fact-Checking Network gegründet, das für sich in Anspruch nimmt, internationalen Faktencheckern den Ritterschlag zu verleihen. Aktuell meldet es auf seiner Website, dass es mehr als hundert »verifizierte« Mitglieder hat.[66]

Poynter wird von diversen NGOs und Stiftungen finanziert, die mithilfe der Faktenchecker dafür sorgen, dass die von ihnen unterstützten Projekte ins rechte Licht gerückt werden. Besonders interessant ist die Liste der Partner von Poynter, die den Faktencheckern in Sachen Medienkompetenz helfen sollen.[67] Darunter sind Facebook, Google, Microsoft und deren Tochtergesellschaften wie zum Beispiel WhatsApp. Auch das Unternehmen Luminate, das Correctiv mitfinanziert, wird dort genannt, und natürlich darf das National Endowment for Democracy nicht fehlen. Wie gesagt trifft man immer auf dieselbe Liste von etwa zwanzig Verdächtigen.

Die Bill and Melinda Gates Foundation hat das Poynter Institute schon mit einem Zuschuss in Höhe von fast 400 000 Dollar bedacht.[68] Allerdings scheint Gates seinen Einfluss auf das Poynter Institute nicht mehr über seine Foundation ausüben zu wollen, sondern, wie die aktuelle Liste der Förderer des Poynter Institute zeigt, über Microsoft.

Als ich zu Beginn dieses Kapitels behauptet habe, dass der Artikel von The Grayzone nicht vollständig sein dürfte, obwohl dort schon die stolze Summe von 320 Millionen Dollar zusammenkommt, mit der

Gates seine Narrative in die Welt tragen will, hatte das mehrere Gründe. Einer davon ist, dass Microsoft ebenfalls einen Teil der Kosten trägt; wie viel dies über die Jahre gewesen ist, ist allerdings nicht bekannt. Sicher ist nur eines: Gates hat Medien weit mehr als »nur« 300 Millionen Dollar für gefällige Berichterstattung bezahlt.

Die »Qualitätsmedien« erwecken gerne den Eindruck, viele voneinander unabhängige Organisationen (also Medien, NGOs, Stiftungen etc.), Experten, Faktenchecker, Blogger und Influencer würden zu dem gleichen Ergebnis kommen. So ist der Leser dieser Medien zu glauben geneigt, dass das, was sie behaupten, die Wahrheit sein muss. Wüssten sie, dass all die weltweiten Medien, NGOs, Experten, Blogger, Influencer und Faktenchecker immer von derselben kleinen Gruppe von Sponsoren finanziert werden, wären sie deren »Fakten« gegenüber viel skeptischer.

Dabei spielt das Poynter Institute eine wichtige Rolle, denn als Dachorganisation kann es die Arbeit der internationalen Faktenchecker koordinieren. Wie das in der Praxis funktioniert, schauen wir uns nun an einem Beispiel an.

Am 12. Januar 2022 haben achtzig internationale Faktenchecker in einem offenen Brief gefordert,[69] YouTube solle »wirksame Maßnahmen« ergreifen, um effektiver gegen Desinformationen zur Covid-19-Pandemie und vielen weiteren Themen vorzugehen. Im Klartext wurde YouTube aufgefordert, seine Zensurmaßnahmen gegen vom Mainstream abweichende Meinungen weiter zu verschärfen. Auf die Forderungen im Detail einzugehen, ist nicht nötig, denn hier geht es um die Frage, wer hinter dem offenen Brief steckte, wer also die Macht hat, so eine weltweite Kampagne auf die Beine zu stellen.

Daher ist es interessant, sich anzuschauen, wer diesen Aufruf zu verschärfter Zensur unterzeichnet hat. Ich habe die Liste der Unterzeichner mit der Liste der seinerzeit über hundert Mitglieder des Fact-Checking Network von Poynter abgeglichen und war wenig überrascht, dass fast alle Unterzeichner des Briefes an YouTube bei Poynter organisiert waren.

Wir hatten hier also eine Situation, in der Internetkonzerne wie Google eine Dachorganisation sowie viele von deren Mitgliedern finanzieren und diese Mitglieder dann einen offenen Brief schreiben, in dem sie die Google-Tochter YouTube dazu auffordern, für mehr Zensur zu sorgen. Google hätte den Brief genauso gut an sich selbst schreiben können.

Aber so funktioniert das Spiel: Erst zierte sich Google ein wenig, um dann auf Druck der angeblich nur der Wahrheit verpflichteten internationalen Faktenchecker nachzugeben und seine Zensur zu verschärfen. So konnte Google seine Hände in Unschuld waschen, denn es wurde ja von den Wahrheitswächtern gedrängt, gegen das vorzugehen, was diese Wahrheitswächter (die von Google bezahlt wurden und werden) als Falschinformationen bezeichnet hatten. Und dass Google und YouTube die Zensur danach weiter verstärkt haben, ist kein Geheimnis.

Natürlich gehörte auch Bill Gates zu jenen, die sich mehr Zensur wünschen, denn Bill Gates ist der wichtigste Profiteur der Pandemie, weil er an den Firmen beteiligt ist,[70] die an der Pandemie das meiste Geld verdienten. Das reicht von Herstellern von Impfstoffproduktionsgeräten über solche von Impfstoffen bis hin zu jenen der Covid-19-Tests. Sogar an Firmen, die künstliche Antikörper zur Behandlung von Covid-19-Erkrankungen herstellen, hat Gates sich rechtzeitig beteiligt.

Damit alle Zweifel an den von ihm vorangetriebenen Narrativen zerstreut werden, bezahlt Bill Gates (hauptsächlich über Microsoft) weltweit Faktenchecker. In diesem Fall ging es um Covid-19 und vor allem um die Kritik am mRNA-Impfstoff von BioNTech/Pfizer, denn Gates ist an BioNTech und Pfizer beteiligt und hat an den Impfungen Milliarden verdient.

Daher war die Forderung nach mehr Zensur – vor allem der Kritik an Coronamaßnahmen und mRNA-Impfstoffen – eine Herzensangelegenheit von Bill Gates.

Die selbst ernannten Faktenchecker sind reine Propagandainstrumente, deren Aufgabe es ist, die politisch gewollten Narrative durchzusetzen, und die von denjenigen gegründet und bezahlt werden, die ein Interesse daran haben. Beispiele dafür habe ich während meiner Arbeit so viele gefunden, dass es den Rahmen sprengen würde, sie hier alle aufzulisten. In ihrer Gesamtheit erzeugen sie für den durchschnittlichen Medienkonsumenten den Eindruck, dass ganz viele unabhängige, nur der Wahrheit verpflichtete Journalisten und Experten alle zu dem gleichen Schluss kommen – und dann muss das ja wahr sein!

Und wie wir täglich daran sehen, funktioniert diese Illusion. Immer mehr Menschen in Deutschland berufen sich in Diskussionen als Beleg für eine These auf Artikel von Faktencheckern, anstatt selbst zu recherchieren und Originalquellen zu suchen.

Man kann sich die Finanziers hinter jedem Faktenchecker dieser Welt anschauen und wird feststellen, dass sich eine Gruppe aus etwa zwanzig Stiftungen, einigen US-Regierungsbehörden und natürlich den Internetkonzernen herauskristallisiert, die über ihre finanziellen Zuwendungen dafür sorgen, dass die Wahrheitswächter das zur Wahrheit erklären, was die wenigen Superreichen wollen, die hinter den Stiftungen und der Politik der US-Regierung stehen.

Dabei wechselt man sich jedes Jahr ein wenig ab. 2020 waren unter den finanziellen Unterstützern von Correctiv zum Beispiel folgende »übliche Verdächtige«: Soros, Luminate, Google, Twitter, Mercator und Adessium. 2019 diese hier: Mercator, Adessium und Soros. Und für 2018 nannte Correctiv unter anderem Omidyar (also Luminate), Soros, Mercator, Adessium und Google. Dieses Spiel kann man bei allen internationalen Faktencheckern beobachten, die im Mainstream zitiert werden, und es sind immer dieselben zwanzig Finanziers.

Damit aber nicht genug. Bill Gates finanziert nicht nur »investigative Journalisten« und selbst ernannte Faktenchecker, sondern auch die einflussreichsten Medien selbst.

Werden westliche Medien dafür kritisiert, dass sie sich von einem Oligarchen wie Gates bezahlen lassen, behaupten sie stets, solche Zahlungen hätten keinerlei Einfluss auf die Berichterstattung. Wir werden aber sehen, dass das gelogen ist, denn Bill Gates hat für jedes Medium, das er bezahlt, eine feste Agenda. Und die kann man auch öffentlich einsehen, wenn man sich die Beschreibung der »Förderung« von Gates anschaut.

Sollten diese Medien trotzdem der Meinung sein, ich hätte mir das alles nur ausgedacht, so habe ich einen sehr einfachen Vorschlag: Sie könnten ihre Verträge, die diesen »Förderungen« zugrunde liegen, ja veröffentlichen, wenn darin nichts Verwerfliches geschrieben steht. Die finanziellen Details sind ohnehin nicht geheim, denn die Summen der Förderungen veröffentlicht die Bill and Melinda Gates Foundation ohnehin auf ihrer Seite.

Da sich in Deutschland beispielsweise der *Spiegel* von Gates mit Millionen bezahlen lässt, habe ich eine einfache Frage: »Lieber *Spiegel*, wie wär's? Zeigst du uns deine Verträge mit Bill Gates?« Nein, natürlich nicht, aber zu dem Thema kommen wir gleich noch.

Alle Medien, die Bill Gates mit Geld bedenkt, wissen sehr genau, was Gates von ihnen erwartet. Und sie setzen das auch gehorsam um, was man schon daran erkennt, dass Gates ihnen danach weiterhin Geld zukommen lässt, weil er sehr zufrieden ist.

Bill Gates finanziert die einflussreichsten Medien eines Landes, und in Frankreich ist das *Le Monde*. *Le Monde* hat von Gates seit 2014 insgesamt etwas über 4 Millionen Dollar, aufgeteilt in fünf Zahlungen, erhalten.[71] Diese Zahlungen sind immer an ein Programm gebunden, was bedeutet, dass Gates, sollte die Zeitung nicht gehorsam das berichten, was er möchte, keine Folgezahlung anbietet. Aber *Le Monde* hat diese immer sofort erhalten und wird von Gates seit über 10 Jahren ununterbrochen unterstützt.

Die Programme, für die Gates *Le Monde* bezahlt hat, haben alle etwas mit Afrika zu tun und fallen unter seine Programme zur »globalen

Gesundheit«. Es geht Bill Gates darum, bei bestimmten Themen die Französisch sprechende Bevölkerung Afrikas zu erreichen. Daran sieht man wieder, was eben schon Thema war, nämlich, wie und womit Bill Gates in Afrika viel Geld macht. Es geht vordergründig um Ernährungssicherheit, aber dahinter stecken Programme, mit denen Gates die afrikanischen Bauern von Hybridsaatgut der Firma Monsanto (heute Bayer) abhängig machen möchte, an dem er viel Geld verdient.

Wenn man das weiß, dann überrascht es nicht, dass die Gates Foundation in den Beschreibungen ihrer Zahlungen an *Le Monde* davon spricht, dass den Französisch sprechenden Afrikanern die Themen »globale Gesundheit und Entwicklung« nähergebracht werden sollen, unter denen Gates in Afrika unter anderem seine »Ernährungsprogramme« umsetzt.

Dass »globale Gesundheit« nicht fehlen darf, ist auch nicht überraschend, denn spätestens seit der Pandemie weiß jeder, dass Bill Gates über seine Unternehmensbeteiligungen im Gesundheitswesen Milliarden verdient. Und Afrika ist für Gates in diesem Zusammenhang besonders interessant, weil er dort nicht nur Geld verdient, sondern unter dem Deckmantel der Malariabekämpfung Genversuche in der freien Natur durchführt. Dazu brauchte er sowohl das Wohlwollen der Bevölkerung als auch grünes Licht seitens der Aufsichtsbehörden. Darauf hier näher einzugehen, würde zu weit führen, ich habe das Thema in meinem Buch *Inside Corona* ausführlich erklärt.

Die BBC hat von der Bill and Melinda Gates Foundation drei Zahlungen von insgesamt fast 3,7 Millionen Dollar erhalten. So zumindest konnte man es in dem Artikel von The Grayzone lesen. Aber das stimmt so nicht, denn die Autoren des Artikels haben die großen BBC-Förderungen von Gates übersehen. Tatsächlich hat die Gates Foundation der BBC seit 2005 zusätzlich noch 15-mal Geld überwiesen, sodass wir hier im Ganzen über 50 Millionen Dollar reden.

Auf das Problem, welches sich ergibt, wenn man die Förderprogramme der Gates Foundation durchforstet, habe ich bereits hingewiesen: Man muss exakte Suchbegriffe eingeben, und wenn man eine Zeitung oder einen Sender nicht kennt, findet man auch die zugehörige Förderung nicht. Daher geistern unterschiedliche Summen durch die Welt, mit denen die Gates Foundation die Medien schmiert. Die von The Grayzone genannte Gesamtzahl von knapp 320 Millionen Dollar ist aufgrund des Fehlers mit der BBC um mindestens 50 Millionen zu niedrig angesetzt, es sind also auf jeden Fall 370 Millionen Dollar. Dieser Fehler ist den Kollegen, die den Artikel geschrieben haben, deshalb unterlaufen, weil sie in der Datenbasis nach »British Broadcasting Corporation«[72] gesucht haben, und dabei findet man tatsächlich die genannten 3,7 Millionen Dollar. Sucht man aber nach »BBC« dann findet man auch die restlichen über 50 Millionen Dollar.[73]

Die Förderungen von Gates für die BBC sind recht weit gefächert, und natürlich geht es bei einigen Programmen wieder um Afrika und die schon genannten Themen. Aber auch Indien ist für Gates wichtig. Bei der BBC setzt Gates außerdem stark auf Familienplanungsthemen, bei denen es im Kern nicht nur um Geburtenkontrolle geht, sondern auch darum, dass Gates mit Nahrungsergänzungsmitteln für Kinder viel Geld verdient.

Bei Indien kommt noch hinzu, dass man dort überhaupt nicht gut auf Gates zu sprechen ist, denn er war dort an Versuchen einer Impfung gegen Gebärmutterkrebs beteiligt, bei denen es mit den Sicherheitsvorschriften nicht allzu genau genommen wurde und mehrere Todesfälle gab.

Damals hat die indische Regierung den Skandal aufgearbeitet und Gates und die anderen beteiligten Organisationen hochkant aus dem Land geworfen. Im Westen ist diese Geschichte – natürlich dank der von Gates bezahlten Medien – kaum bekannt. Den Indern ist sie aber immer noch in frischer Erinnerung, weil sie sich als menschliche Versuchskaninchen missbraucht fühlen. Da Indien aber ein riesiger Markt ist, hat Gates allen Grund, sein dortiges Image mithilfe positiver Berichterstattung der BBC aufzupolieren.

Wenn man sich daran erinnert, dass Gates an den Covid-19-Impfstoffen Milliarden verdient hat, ist ein damaliges Förderprogramm von Gates für die BBC interessant. Denn im November 2021 hatte Gates der BBC fast eine Million Dollar mit folgendem Verwendungszweck überwiesen: »Entwicklung und breit angelegte Verbreitung einer vielschichtigen Informationskampagne, die sich an 30 % der Nigerianer (ab 15 Jahren) richtet und darauf abzielt, Fehlinformationen und Desinformationen entgegenzuwirken und die Akzeptanz des Covid-19-Impfstoffs erheblich zu steigern«[74]

Aber vergessen Sie das lieber ganz schnell wieder, denn die Medien, die von Gates Geld erhalten, behaupten steif und fest, dass die Zahlungen von Gates an keine Bedingungen geknüpft sind und deren Berichterstattung in keiner Weise beeinflussen. Die westlichen Medien, und natürlich vor allem die BBC, berichten nämlich ganz unabhängig und kritisch und lassen sich von niemandem vorschreiben, irgendwelche Informationskampagnen zu fahren.

Wer so etwas behauptet, ist ein böser Verschwörungstheoretiker, auch wenn die Bill and Melinda Gates Foundation das selbst ganz offen sagt.

Die führende spanische Zeitung *El País* hat von der Bill and Melinda Gates Foundation knapp 4 Millionen Dollar in zwei Zahlungen erhalten.[75] Beide Zahlungen hatten denselben Verwendungszweck, nämlich

> »Information und Einbeziehung des spanischsprachigen Publikums zu vorrangigen Themen im Zusammenhang mit den nachhaltigen Entwicklungszielen«.

Die nachhaltigen Entwicklungsziele (Sustainable Development Goals, SDGs) der UNO sind ein Thema, das ich irgendwann auch noch im

Detail beleuchten werde. Diese Ziele klingen toll, und so, wie sie formuliert sind, kann niemand etwas dagegen haben. Das Problem liegt im Kleingedruckten oder genauer gesagt in den Programmen. Die siebzehn SDGs der UNO sind in teilweise zehn und mehr Unterziele unterteilt, zu deren Umsetzung es wiederum jeweils mehrere Programme gibt. Und wenn man diese Programme liest, kann einem teilweise wirklich übel werden.

Man könnte darüber ein sehr dickes Buch schreiben. Ich habe den SDGs in meinem Buch *Inside Corona* zwar ein eigenes Kapitel gewidmet, konnte das Thema aber natürlich nur streifen. Um deutlich zu machen, dass die SDGs keineswegs ein Segen für die Menschheit sind, zitiere ich hier einen kleinen Teil aus jenem Kapitel, in dem ich einige Beispiele für die Programme hinter den SDGs gebracht habe:

> Ich will noch ein letztes Beispiel für SDGs bringen. Das 16. SDG lautet:
>
> »Friedliche und inklusive Gesellschaften für eine nachhaltige Entwicklung fördern, allen Menschen Zugang zur Justiz ermöglichen und leistungsfähige, rechenschaftspflichtige und inklusive Institutionen auf allen Ebenen aufbauen«
>
> Auch dagegen kann eigentlich niemand etwas haben. Das Problem liegt wieder im Detail. Erinnern Sie sich an ID2020, also an die digitale Identität aller Menschen, die Bill Gates umsetzen möchte und als Modellprojekt bereits in Bangladesch umsetzt, indem er dort allen Neugeborenen eine digitale Identität inklusive digitaler Geburtsurkunde gibt?
>
> Genau darum geht es auch beim 16. SDG zum Teil, denn Unterpunkt 16.9 lautet:
>
> »Bis 2030 Schaffung einer legalen Identität für alle, einschließlich Geburtsregistrierung«

> Und dessen Unterpunkt 16.9.1 nennt den Indikator, um die Erreichung des Zieles zu messen:
>
> »Anteil der Kinder unter 5 Jahren, deren Geburten bei einer Zivilbehörde registriert wurden, nach Alter«
>
> ID2020 läuft schon, und das Ziel ist es, alle Menschen der Welt digital zu erfassen. Das bedeutet die totale und ultimative Kontrolle der gesamten Menschheit, wird aber in schöne Worte verpackt. Und das Ganze ist keine wirre Fantasie oder eine Diskussion, das sind von der UNO beschlossene Ziele, an denen gearbeitet wird und für deren Umsetzung Milliarden ausgegeben werden.[76]

Um diese SDG in ein gutes Licht zu rücken, bezahlt Bill Gates Medien wie der spanischen *El País* Millionenbeträge.

In Deutschland hat Gates sich den *Spiegel* als Kandidaten ausgesucht, der die Sicht von Gates in die Öffentlichkeit tragen soll. Bemerkenswert ist, dass dieser von Gates mehr Schmiergeld bekommt als die anderen großen europäischen Zeitungen. Während *Le Monde* und *El País* jeweils etwa 4 Millionen Dollar bekommen haben, hat der *Spiegel* seit 2018 schon fast 5,5 Millionen Dollar erhalten.[77]

Ein weiterer Unterschied ist, dass in den Beschreibungen der Zuschüsse der Bill and Melinda Gates Foundation für einige europäische Medien sehr genau zu lesen ist, wofür Gates sie bezahlt. Wir haben das am Beispiel der BBC gesehen, bei der Gates sogar gezielt eine bestimmte Medienkampagne bestellt hat.

Beim *Spiegel* ist die Beschreibung der Zuschüsse auf der Seite der Gates Foundation sehr allgemein gehalten. [78] Sie lautet in beiden Fällen: »Über soziale Unterschiede in der Welt zu berichten und ein Verständnis dafür zu vermitteln, wie sie überwunden werden können«.

Wie ich schon im Scherz geschrieben habe, wäre es interessant, den Vertrag zu sehen, der diesen Zahlungen zugrunde liegt, denn dort dürfte genauer geregelt sein, wofür Gates den *Spiegel* bezahlt. Der

Spiegel behauptet natürlich, die Zahlungen von Gates hätten keinerlei Einfluss auf seine Berichterstattung, aber wenn das so wäre, könnte der *Spiegel* den Vertrag ja veröffentlichen. Stattdessen geht er mit diesen Zahlungen sehr intransparent um und hat jahrelang versucht, sie seinen Lesern zu verschweigen.

Am 9. November 2021 habe ich auf meiner Website *www.anti-spiegel.ru* berichtet,[79] dass die Bill and Melinda Gates Foundation dem *Spiegel* im Oktober 2021 mal wieder ein Millionengeschenk überwiesen hat, nämlich ganze 2,9 Millionen Dollar. Der *Spiegel* hat es jedoch nicht für nötig gehalten, seine Leser darüber zu informieren, obwohl ein massiver Interessenkonflikt vorliegt. Schließlich ist es die Aufgabe kritischer und unabhängiger Medien, den Reichen und Mächtigen auf die Finger zu schauen. Wie aber soll ein Medium kritisch über einen der reichsten und mächtigsten Männer der Welt berichten, wenn es von ihm regelmäßig Millionen bekommt?

Doch das war keineswegs das erste Millionengeschenk, dass der *Spiegel* von Bill Gates angenommen hat. 2018 hatte dieser dem *Spiegel* das erste Mal eine große Summe überwiesen: 2,3 Millionen Euro. Dafür hatte das Medium sogar extra eine eigene Rubrik gegründet, die es »Globale Gesellschaft« nannte. Die Bill and Melinda Gates Foundation hingegen hatte die Zahlung bereits im Dezember 2018 gemeldet,[80] während der *Spiegel* erst am 10. April 2019 in einer gut versteckten Erklärung darüber berichtete.[81] Außerdem hatte Letzterer am 14. Mai 2020, also über ein Jahr später, eine Seite mit Fragen und Antworten zu der Zusammenarbeit mit Bill Gates veröffentlicht, auf der er seinen Lesern erklärt, dass eine solche Zusammenarbeit natürlich vollkommen unproblematisch sei.[82]

Ob der *Spiegel* diesen Artikel am 14. Mai 2020 veröffentlicht hat, weil ich am 2. Mai 2020 erstmals auf meiner Website über diese Millionengeschenke berichtet hatte,[83] was damals einen ziemlichen Wirbel auslöste, ist reine Spekulation, aber irgendwie naheliegend. Es freut mich jedenfalls, wenn meine medienkritische Arbeit hier und da mal etwas bewegt.

Offensichtlich bekam der *Spiegel* einige böse Mails, nachdem ich am 9. November 2021 über ein erneutes Geschenk von Bill Gates berichtet hatte. Ein Leser wies mich damals darauf hin, dass auf der Seite mit Fragen und Antworten zu den Millionengeschenken von Bill Gates nun mitgeteilt wurde, wofür das frische Geld verwendet wird. Der *Spiegel* hat es aber nicht für nötig gehalten, seine Leser in einem gesonderten und prominent auf der Startseite veröffentlichten Artikel über den warmen Geldregen zu informieren. Die Korrektur auf der Website vom 14. Mai 2020 fand still und heimlich statt.

Daher ist es schön, dass es das Internetarchiv Wayback Machine gibt, denn dort kann man genau nachvollziehen, wann Internetseiten verändert werden, und sogar jene wiederfinden, die bereits aus dem Netz genommen wurden. Als ich am 9. November 2021 über das erneute Geschenk von Bill Gates an den *Spiegel* berichtete, konnte man auf der Fragen-und-Antworten-Seite des *Spiegels* noch lesen:[84]

> Unter dem Titel Globale Gesellschaft berichten Reporterinnen und Reporter aus Asien, Afrika, Lateinamerika und Europa über Themen, die Gesellschaften weltweit spalten: Migration, Klimawandel, soziale Ungleichheiten. Der SPIEGEL verstärkt damit seit 2019 online seine Berichterstattung über diese Themen. Das Projekt ist langfristig angelegt und wird über drei Jahre von der Bill & Melinda Gates Foundation (BMGF) unterstützt.

Am 11. November 2021, 2 Tage nach dem Erscheinen meines Artikels, hat der *Spiegel* das ganz diskret ein wenig verändert, denn seither lautet der letzte Satz:[85]

> Das Projekt ist langfristig angelegt, wurde zunächst über drei Jahre von der Bill & Melinda Gates Foundation (BMGF) unterstützt und bis 2025 verlängert.

Gates hat sich beim *Spiegel* also eine ganze Rubrik gekauft, in der – wie in der Beschreibung der Zahlung angegeben – über »soziale Unterschiede in der Welt« berichtet wird. Und der *Spiegel* wollte in dieser Rubrik namens »Globale Gesellschaft« weitere 3 Jahre lang Gefälligkeitsartikel für Bill Gates und seine Ziele schreiben. Der *Spiegel* propagiert fleißig die Narrative von Bill Gates und setzt genau das um, wofür Gates bezahlt.

Nun könnte man einwenden, dass es ja lobenswert ist, über »soziale Unterschiede« zu berichten und sie überwinden zu wollen. Wenn man sich anschaut, was Gates so alles fördert, sieht man allerdings, dass er schöne Worte für die Öffentlichkeit findet, um dann weniger schöne Sachen zu tun. Und vor allem führen die »edlen Spenden« von Gates immer dazu, dass am Ende ein Vielfaches der von ihm gespendeten Summen in seine Taschen zurückfließt. Doch dazu kommen wir gleich noch.

Kommen wir zuerst noch mal zu der besagten Rubrik zurück. Der *Spiegel* schreibt über deren Ziel:[86]

> Für unser Projekt Globale Gesellschaft berichten ReporterInnen aus Asien, Afrika, Lateinamerika und Europa über Menschen, soziale Brennpunkte und gesellschaftliche Entwicklungen. In Reportagen, Analysen, Fotos, Videos und Podcasts erzählen wir von Ungerechtigkeiten vor dem Hintergrund der Globalisierung – aber auch von vielversprechenden Ansätzen. Das Projekt wird von der Bill & Melinda Gates Foundation unterstützt, die redaktionellen Inhalte entstehen ohne Einfluss der Stiftung (zum FAQ).

Die FAQ, also die Antworten auf viele Fragen zu dem Schmiergeld, das der *Spiegel* von Gates annimmt, sind lustig, denn der *Spiegel* wollte seinen Lesern diese Zahlungen ja am liebsten verschweigen und hat diese FAQ-Seite erst am 14. Mai 2020 online gestellt, also über ein Jahr nach dem offiziellen Start des von Gates finanzierten Projektes. Transparenz, die der *Spiegel* in seinen Artikeln so gerne von anderen fordert, geht anders.

Übrigens war die *Spiegel*-Titelstory »Die Gesetzlosen«, die Ende Mai 2022 kritisch über die Raffgier einiger westlicher Oligarchen berichtete, ein klassischer Beleg dafür, wie wirksam die Zahlungen von Bill Gates sind: Denn Bill Gates (oder auch George Soros) wurde im Gegensatz zu Elon Musk oder Jeff Bezos vom *Spiegel* nicht erwähnt. Aber natürlich ist das nur ein Zufall und hat rein gar nichts mit den Schmiergeldern zu tun, die dieses Medium von Gates annimmt.

Generell kann man feststellen, dass der *Spiegel* mit Bill Gates ausgesprochen sorgsam umgeht. Nicht nur, dass Bill Gates in der *Spiegel*-Titelstory über die westlichen Oligarchen nicht erwähnt wurde, er wird auch geschont, wenn es handfeste Skandale, wie beispielsweise die engen Kontakte von Bill Gates zu Jeff Epstein, gibt.

Und auch Meldungen darüber, dass Bill Gates weibliche Angestellte sexuell belästigt haben soll, fand der *Spiegel* nicht berichtenswert. Das ist deshalb auffällig, weil er sonst immer ganz vorne mit dabei ist, wenn es darum geht, Männer im Zuge der Me-too-Kampagne vorzuverurteilen und medial zu schlachten, weil sich irgendeine Frau daran erinnert, vor 20 Jahren von einem inzwischen reich und berühmt gewordenen Mann unsittlich berührt worden zu sein.

Der *Spiegel* bleibt jedenfalls dabei: Die Schmiergelder von Bill Gates haben keinerlei Einfluss auf die Berichterstattung des *Spiegel*. Man muss nur ganz fest daran glauben …

Gekaufte Organisationen

Unter den Organisationen, die eine wichtige Rolle im Informationskrieg spielen, sind die Reporter ohne Grenzen (ROG) ein gutes Beispiel. Denn die werden auch immer gerne zur Hand genommen, wenn der Öffentlichkeit erklärt werden soll, wie überlegen das westliche, von den USA geprägte System angeblich ist. Schauen wir uns sie einmal näher an.

Die ROG sind hinsichtlich ihrer Finanzen entsetzlich intransparent. Es gibt keine Angaben darüber, wer ihnen wie viel bezahlt. Im Jahresbericht 2020 der deutschen Sektion der ROG konnte man auf Seite 24 über die Einnahmen nur erfahren:[87]

> 57 Prozent davon stammen aus Spenden, 13 Prozent aus Mitgliedsbeiträgen, zehn Prozent aus Mitteln des Bundesministeriums für wirtschaftliche Zusammenarbeit und Entwicklung (BMZ) sowie neun Prozent aus Mitteln der Berliner Senatsverwaltung für Wirtschaft, Energie und Betriebe. Zudem konnten weitere fünf Prozent der Einnahmen durch das jährlich erscheinende Fotobuch erzielt werden.

Das ist noch intransparenter als ein Jahr zuvor.[88] Damals hatten die ROG ihre Spenden wenigstens noch nach Einzelspendern und Spenden von Organisationen aufgeschlüsselt. Transparenz mag man bei den ROG offensichtlich überhaupt nicht.

Das bedeutet, dass 19 Prozent der Einnahmen der deutschen Sektion der angeblich unabhängigen **Nicht**regierungsorganisation ROG direkt vom deutschen Staat kommen, also der deutschen Regierung. Weitere 13 Prozent kommen von den Mitgliedern, also zum Beispiel den öffentlich-rechtlichen Medien und den deutschen Medienkonzernen, die im Kuratorium der ROG sitzen. Von wem die Spenden kommen, die 57 Prozent der Einnahmen ausmachen, ist nicht ersichtlich.

Die Dachorganisation der ROG in Frankreich ist kaum transparenter. Dort erfährt man nur, dass sie den größten Teil ihrer Einnahmen von Organisationen und Stiftungen (26 Prozent) und »staatlichen Partnern« (40 Prozent) erhalten. Weitere 7 Prozent sind Spenden, und der Rest kommt aus Buchverkäufen etc.[89]

Außerdem findet sich auf ihrer Seite eine Liste der wichtigsten Partner.[90] Dabei stellt man fest, dass die ROG von einer ganzen Reihe von Konzernen, darunter viele Medienkonzerne, finanziell unterstützt werden.

Da haben wir schon den ersten Interessenkonflikt, denn wenn die ROG von den westlichen Medienkonzernen bezahlt werden, dann wollen diese Sponsoren natürlich, dass ihren Ländern eine möglichst intakte Pressefreiheit bescheinigt wird. Würden die ROG melden, dass die führenden Medien in Deutschland nicht frei berichten (können), würden die deutschen Konsumenten umgehend nach Alternativen suchen, die dies noch können oder wollen. Dass die westlichen Medienkonzerne die ROG sponsern, ist also ein massiver Interessenkonflikt, auf den jedoch nirgends hingewiesen wird.

Das sehen Sie anders? Nun, wie vertrauenswürdig wäre für Sie eine von den (staatlichen) chinesischen Medien bezahlte und geleitete Organisation aus China, die ein weltweites Rating der Pressefreiheit erstellt, bei dem China natürlich immer Spitzenplätze belegt? Das wäre kaum vertrauenswürdig, der Interessenkonflikt würde ins Auge stechen. Ich frage mich immer wieder, warum viele Menschen solche Interessenkonflikte nicht erkennen, wenn sie im Westen auftreten.

Auch die ROG werden nicht nur von privaten westlichen Medienkonzernen bezahlt und geleitet, sondern auch von staatlichen Medien. Das erkennt man sowohl an der Liste der Unterstützer der französischen Dachorganisation als auch am Kuratorium der deutschen ROG.[91] Darin sitzen unter anderem der Intendant des ZDF, die Intendantinnen von rbb und MDR, der Leiter der Recherchekooperation von NDR, WDR und *Süddeutscher Zeitung,* die Chefredakteure von *Zeit, Tagesspiegel* und *taz,* die Funke Zentralredaktion der Funke Mediengruppe sowie weitere hohe Vertreter der Mainstream-Medien.

Und die haben alle ein Interesse daran, dass ihre Medien den Kunden, Lesern und Zuschauern als frei, objektiv und kritisch präsentiert werden. Und genau das bestätigen ihnen die ROG. Beziehungsweise ironisch gesagt: Das bestätigen sie sich über die von ihnen geleiteten und finanzierten ROG selbst.

Zudem werden die ROG laut ihrer französischen Dachorganisation von Stiftungen unterstützt. Hier fallen wieder die Namen der »üblichen Verdächtigen«, unter anderem des National Endowment for Democracy.

Früher stand auf der Seite der ROG auch zu lesen, dass sie neben dem NED auch von der Adessium Foundation, dem Sigrid Rausing Trust und Soros unterstützt würden. Aktuell nennen die ROG nur noch den Sigrid Rausing Trust.

Als es um die Faktenchecker ging, ist die Stiftung Luminate – Omidyar Network Foundation als Sponsor vieler Faktenchecker aufgefallen. Luminate hat in den letzten Jahren auch die ROG finanziert. Wie wir bei den Faktencheckern gesehen haben, wechselt man sich eben bei der Finanzierung verschiedener Organisationen jedes Jahr ab.

Besonders interessant ist jedoch das, wofür die Reporter ohne Grenzen bekannt sind, nämlich ihr Ranking der weltweiten Pressefreiheit, das im Westen quasi als Goldstandard zu diesem Thema gilt.

Früher waren die ROG bei der Beschreibung ihrer Arbeitsweise noch ehrlicher. 2021 haben sie über ihr Ranking geschrieben:[92]

> Als Grundlage für die Rangliste hat Reporter ohne Grenzen Ende 2020 einen umfangreichen Fragebogen an Hunderte Expertinnen auf allen Kontinenten versandt, darunter das eigene Netzwerk von Korrespondent*innen, Partnerorganisationen sowie Journalist*innen, Wissenschaftler*innen, Jurist*innen und Menschenrechtsaktivist*innen. Es handelt sich jedoch nicht um eine repräsentative Umfrage nach wissenschaftlichen Kriterien.

Im Klartext bedeutet das: Die ROG schicken einen Fragebogen an ihre eigenen Leute und basteln sich auf der Basis von deren Antworten das Ranking zusammen. Immerhin geben sie selbst zu, dass das Ranking keinen wissenschaftlichen Kriterien genügt. Das ist also kein Ranking, sondern nichts weiter als deren Meinung.

Wer das »eigene Netzwerk« von ROG ist, kann man nur mutmaßen, denn es wird nirgends genannt. Aber da wir deren Partner, Unterstützer und Geschäftsführung angeschaut haben und diese aus den Reihen der westlichen Staaten, der westlichen Medienkonzerne und Staatsmedien und der größten Stiftungen der westlichen Oligarchen kommen, ist es nicht schwer zu erraten, wer es sein könnte.

Die Beschreibung der Arbeitsweise der ROG ist von zwei Seiten im Jahr 2021 auf sieben Seiten im Jahr 2022 angewachsen.[93] Aber im Kern hat sich nichts geändert, denn auch wenn sie nun die Themenfelder, die sie bei ihrem »eigenen Netzwerk« abfragen, detaillierter zeigen, ändert das nichts daran, dass sie sich immer noch auf die subjektiven Antworten sorgsam ausgesuchter Partner der ROG berufen.

Besonders entlarvend ist ein Absatz in den Richtlinien des Jahres 2022:

> Wenn sich die Lage der Pressefreiheit in einem Land zwischen dem Ende des bewerteten Jahres und der Veröffentlichung dramatisch verändert, werden die Daten

> daher aktualisiert, um den jüngsten Ereignissen Rechnung zu tragen. Anlass hierfür können ein neuer Krieg, ein Staatsstreich, ein noch nie dagewesener oder sehr ungewöhnlicher Großangriff auf Medienschaffende oder die plötzliche Einführung einer extrem repressiven Politik sein. Für die Rangliste 2022 wurde dieses Verfahren bei den Ländern Russland, der Ukraine und Mali angewandt.

Im Klartext: Weil sich die Lage in Russland, der Ukraine und Mali massiv verändert hat, wurden deren Daten noch einmal aktualisiert, und es sind auch Meinungen aus dem Jahr 2022 in den Bericht eingeflossen, der eigentlich das Jahr 2021 wiedergeben sollte.

Doch wenn die russischen Medien auf Anweisung der EU-Kommission am 27. Februar 2022 verboten wurden, wurde damit nicht auch in der EU die Zensur eingeführt? Ja nicht nur das, denn am 26. Februar 2022 haben die australischen Kabelnetzbetreiber RT aus dem Netz genommen, am 28. Februar 2022 folgte Kanada und verbannte RT ebenfalls aus dem Kabelnetz. Am gleichen Tag hat Litauen zwei russische Fernsehkanäle verboten, nachdem dieses Land schon am 25. Februar 2022 sechs russische und weißrussische Fernsehsender verboten hatte. Und am 1. März 2022 hat Lettland zwei russische Fernsehsender verboten, nachdem es schon am 24. Februar 2022 drei russische Fernsehsender und am 25. Februar 2022 einen weißrussischen und zwei lettische russischsprachige Fernsehsender verboten hatte.

Für die ROG schien diese Zensur kein Problem zu sein, jedenfalls führte diese Zensurorgie in westlichen Staaten nicht zu einer Neubewertung der Einschätzung der Pressefreiheit in diesen Staaten. Wie sollte es auch? Es sind ja die westlichen Staaten und ihre Medienkonzerne und Oligarchen-Stiftungen, die die ROG bezahlen, also ist im Westen mit der Pressefreiheit alles in bester Ordnung, egal wie massiv im Westen zensiert wird.

Aber wenn Russland als Reaktion auf die Verbote russischer Medien im Westen ein paar Tage später anfing, westliche Medien in Russland zu verbieten, ist das ein Problem für die ROG und führt zu einer Neubewertung der Lage der Pressefreiheit in Russland. So objektiv und neutral arbeiten die ROG.

In Russland gab es bis Anfang März 2022 keinerlei Zensur. Das ist kein Scherz. Im Westen wurde zwar immer behauptet, in Russland herrsche Zensur, aber gleichzeitig konnten die westlichen Korrespondenten frei aus Russland berichten, und es gab auch viele echte Oppositionsmedien, deren Journalisten in Russland problemlos zu arbeiten vermochten.

Das konnte man sogar aus den westlichen Medien erfahren, wenn man sie aufmerksam gelesen hat. Einerseits faselten sie nämlich ständig von Unterdrückung der Opposition und der Zensur oppositioneller Medien, um im nächsten Moment, wenn in Russland ein Skandal ans Licht kam, zu berichten, wie diese oder jene oppositionelle Zeitung den Skandal aufgedeckt hat.

Da habe ich mich immer gefragt: Ja, was denn nun? Herrscht in Russland strenge Zensur? Oder gibt es in Russland oppositionelle Medien, die sich sogar trauen, echte Skandale ans Licht zu zerren?

In der Ukraine war die Lage anders. Da lebte man als regierungskritischer Journalist seit dem Maidan ohnehin gefährlich, aber im Februar 2021 hat Präsident Selenskyj per Dekret (und damit unter Umgehung aller ukrainischen Gesetze) kurzerhand alle kritischen TV-Sender und auch die meisten kritischen Internetportale verboten. Und dass Selenskyj jetzt sogar öffentlich Morddrohungen gegen Journalisten ausspricht, scheint im Westen und bei den ROG niemanden zu stören.

Es gäbe also gute Gründe, Russland auf der ROG-Rangliste weit vor der Ukraine zu führen, aber es ist natürlich umgekehrt. Laut den ROG stand die Ukraine 2022 auf Platz 106 von 180 Ländern weltweit, Russland hingegen auf Platz 155. Aber da wir ja wissen, welche »Experten«

mit wessen Geld das Ranking zusammenbasteln, kann dieses Ergebnis niemanden überraschen.

In Deutschland sah die Lage mit der Pressefreiheit so traurig aus, dass die ROG nicht alles schönreden konnten und Deutschland auf Platz 16 abgerutscht ist – hinter Jamaika oder die Seychellen. Entlarvend ist, wie der *Spiegel* darüber berichtete,[94] indem er korrekt aus der Pressemeldung der ROG zitierte:[95]

> Für diese Entwicklung sind drei Gründe zentral: eine Gesetzgebung, die Journalistinnen und Journalisten sowie ihre Quellen gefährdet, abnehmende Medienvielfalt sowie allen voran Gewalt bei Demonstrationen.

Der *Spiege*l ging dann aber nicht auf die Gesetzgebung in Deutschland ein, sondern schlug zunächst verbal auf die bösen Querdenker und auf Russland ein. Dabei müsste dieses Medium, wenn es echten Journalismus betreiben würde, die Probleme mit der Gesetzgebung in Deutschland besonders heftig kritisieren, denn in Deutschland wurde der Quellenschutz – eine der wichtigsten Schutzmaßnahmen für investigative Journalisten – abgeschwächt, ja de facto aufgehoben. Da der *Spiegel* aber keinen investigativen Journalismus betreibt, kann ihm das egal sein.

Die ROG schrieben über das Problem in Deutschland:

> Auf der Ebene der Gesetzgebung kritisierte RSF [Reporters sans frontières] den mangelnden Schutz von Journalistinnen und Journalisten sowie ihrer Quellen bei der Cybersicherheitsstrategie der Bundesregierung, da diese eine Ausweitung der Befugnisse für Sicherheitsbehörden vorsieht, ebenso wie die Reform des BND-Gesetzes und den sogenannten Staatstrojaner. 2021 wurde zudem bekannt, dass Deutschland die Spyware Pegasus nutzt.

> Das Defizit beim Auskunftsrecht von Medien gegenüber Bundesbehörden blieb 2021 weiter bestehen.

Im Klartext: In Deutschland wurde der gesetzliche Schutz von Journalisten und ihren Quellen eingeschränkt, was das Aufdecken von echten Skandalen fast unmöglich macht, weil sich keine Quelle an die Presse wendet, wenn sie nicht sicher sein kann, anonym zu bleiben. Außerdem dürfen Journalisten nun ganz legal mithilfe von Staatstrojanern und Spionageprogrammen vom Geheimdienst überwacht und ausspioniert werden, was früher selbst bei richterlich angeordneten Haussuchungen nicht ohne Weiteres möglich gewesen ist. Dank der Technologien von heute sind das Möglichkeiten, von denen beispielsweise die Stasi nur träumen konnte. Da der *Spiegel* das nicht weiter schlimm findet, hat er es seinen Lesern kurzerhand verschwiegen.

Die Reporter ohne Grenzen sind keineswegs die einzige bekannte internationale Organisation, die komplett von westlichen Staaten und Oligarchen gekauft ist und gelenkt wird. Als weiteres Beispiel will ich die NGO Transparency International nennen, die uns ebenfalls jedes Jahr mit einem Ranking beglückt, nämlich mit der Rangliste der Staaten der Welt nach dem Grad der Korruption dort.

Doch bevor wir uns Transparency International genauer anschauen, müssen wir erst einmal definieren, was Korruption ist. Und da wird es gleich interessant, denn Transparency International definiert Korruption folgendermaßen: »Wir definieren Korruption als den Missbrauch anvertrauter Macht zum eigenen Vorteil.«[96]

Das ist ausgesprochen schwammig formuliert und lässt viel Raum für Interpretationen. Gehen wir das Thema also von einer anderen Seite an: Ist es Korruption, wenn ein reicher Unternehmer einer Partei eine Million spendet und diese Partei, wenn sie an die Regierung kommt, ein Gesetz erlässt, dass diesem Unternehmer ein Vielfaches der Spende in die Kassen spült?

Moralisch gesehen ist das sicherlich Korruption, juristisch aber in westlichen Ländern nicht, denn da wird dies als legale »Parteienfinanzierung« oder »Wahlkampfspende« bezeichnet. Bestraft wird dafür im Westen niemand, ja diese Form der Korruption ist im Westen nicht nur legal, sondern sogar ein Grundpfeiler der westlichen Demokratie, in der Lobbyisten bei politischen Entscheidungen eine wichtige Rolle spielen.

Mein Beispiel entspringt übrigens keinesfalls meiner Fantasie, sondern der politischen Praxis in Deutschland. 2008 hat die FDP von der Substantia AG, die Hotels betreibt, Spenden in Höhe von 1,1 Millionen Euro bekommen.[97] Es war die größte Spende in der Geschichte der Partei, und kaum war die FDP 2009 an der Regierung, zeigte sie sich dankbar und setzte die Mehrwertsteuersenkung für Hotels durch.

Das ist sogar nach der schwammigen Definition von Transparency International Korruption. Dennoch ist diese Form von Korruption in den westlichen Demokratien legal. Das westliche Wirtschaftssystem baut regelrecht darauf auf, und die Macht der Lobbyisten, sorry, der Korruptionäre, wächst.

Transparency International erstellt jedes Jahr den sogenannten Korruptionswahrnehmungsindex (CPI), der uns erklärt, in welchen Ländern Korruption herrscht und in welchen nicht. Da die Medien jedes Jahr darüber berichten und uns bei der Gelegenheit immer erzählen, dass es im Westen kaum Korruptionsprobleme gibt, in den Ländern hingegen, die der Westen als böse bezeichnet, alles ganz schlimm und korrupt ist, müssen wir uns damit befassen, wie dieser Index berechnet wird. Schließlich sollte man ja erwarten können, dass ein derart wichtiger Index auf seriösen Daten beruht.

Leider ist das nicht der Fall. Auf der Seite von Transparency International muss man lange suchen, um die Berechnungsmethode zu finden, die man sich als PDF herunterladen kann. Darin erfahren wir:[98]

> Der CPI wird anhand von 13 verschiedenen Datenquellen von 12 verschiedenen Institutionen errechnet, die die Wahrnehmung von Korruption in den letzten 2 Jahren erfassen.

Im Klartext: Experten von zwölf ausgesuchten Organisationen dürfen ihre »Wahrnehmung von Korruption« in verschiedenen Ländern mitteilen, wobei eine Organisation das zweimal tun darf, ihre Wahrnehmung quasi doppelt gezählt wird. Übrigens ist es die Bertelsmann Stiftung, deren Wahrnehmung zweimal berücksichtigt wird.

Der Korruptionsindex von Transparency International basiert also auf keinerlei objektiven Daten, sondern nur auf den »Wahrnehmungen« ausgesuchter Experten. Das wäre so, als wenn der Wetterbericht nicht von Meteorologen gemacht würde, sondern der Nachrichtensprecher auf die Straße ginge und zwölf ausgewählte Menschen fragen würde, einen von ihnen zwei Mal, ob ihnen warm oder kalt sei und ob sie glaubten, dass sie morgen schwitzen oder frieren würden – und aus diesen dreizehn Antworten würde dann die Wettervorhersage errechnet.

Transparency International wird nicht von vielen Kleinspendern finanziert, sondern ist von einer überschaubaren Anzahl von Finanziers abhängig. Aktuell bekommt die Organisation ihr Geld zu 59,5 Prozent von Behörden, also von Staaten, und zu 22,1 Prozent von »multinationalen Institutionen«; 11,8 Prozent kommen von Stiftungen, die ihrerseits zum Teil wiederum von Staaten finanziert werden.[99] Das macht zusammen 93,4 Prozent der Einnahmen von Transparency International aus.

Wer sind diese Finanziers? Als Behörden, von denen diese NGO Gelder bekommt, nennt Transparency International: das französische Entwicklungsministerium, die Anti-Corruption Commission of Bhutan, das deutsche Außenministerium, das deutsche Bundesministerium für Umwelt, Klimaschutz, Naturschutz und nukleare Sicherheit, das deutsche Bundesministerium für wirtschaftliche Zusammenarbeit und Entwicklung, die Deutsche Gesellschaft für Internationale Zusammenarbeit (GIZ), außerdem die Außenministerien von Australien, Kanada, Frankreich, Neuseeland, den Niederlanden, Dänemark, Taiwan und den USA. Hinzu kommen die Behörden Irish Aid, Swedish International Development Cooperation Agency (SIDA), die Schweizer Direktion für Entwicklung und Zusammenarbeit sowie das britische Foreign, Commonwealth & Development Office (FCDO). Zu den Transparency International finanzierenden »multinationalen Institutionen« gehören die EU-Kommission, die Europäische Bank für Wiederaufbau und Entwicklung (EBRD) und das Büro der Vereinten Nationen für Drogen- und Verbrechensbekämpfung. Es gibt auch neun Stiftungen, die Transparency International finanziell fördern, von denen ich hier nur fünf auflisten möchte, denn es sind mal wieder die »üblichen Verdächtigen«: die FDP-nahe Friedrich-Naumann-Stiftung, Luminate, Open Society Foundations (also Soros), Sigrid Rausing Trust und Adessium.

Doch was kommt erwartungsgemäß dabei heraus, wenn eine Organisation, die uns erzählen soll, in welchen Ländern Korruption herrscht und in welchen nicht, zu über 90 Prozent von den Staaten des Westens und westlichen Stiftungen finanziert wird? Natürlich wird uns deren Index zeigen, dass im Westen alles mehr oder weniger in Ordnung ist, bei den Staaten, die der Westen zu seinen Gegnern erklärt hat, hingegen Korruption herrscht. Und – Überraschung! – genau das erzählt uns Transparency International jedes Jahr aufs Neue.

Allerdings gibt es in der EU einen Ausreißer, ein Land, in dem es gemäß Transparency International mit der Korruption immer schlechter wird, wie sogar der *Spiegel* in seinem Artikel über den neuen Index von Transparency International hervorgehoben hat.[100] Dieses Land hat den Fehler gemacht, die Organisationen von George Soros aus seinem Land zu jagen, weshalb die von Soros finanzierten Organisationen, zu denen auch Transparency International gehört, schlecht über das Land berichten. Die Rede ist von Ungarn.

Die Reaktion der ungarischen Regierung auf den Index von Transparency International ist allerdings fast schon humorvoll:[101]

> Interessanterweise hat Transparency International die Brüsseler Bürokratie oder das Europäische Parlament nicht untersucht, sie stehen nicht auf der Liste. Transparency International ist Teil des Soros-Netzwerks, das tief in den Korruptionsskandal der Dollar-Linken und den Brüsseler Korruptionsskandal verstrickt ist. Dieses Netzwerk finanziert nationale und internationale linke Kampagnen und versorgt sie mit all seinen Lügenberichten.

Als »Dollar-Linke« bezeichnet die ungarische Regierung die ungarischen Oppositionsparteien, die während des letzten ungarischen Wahlkampfes von der US-amerikanischen Stiftung Action for Democracy illegalerweise viele Millionen Dollar für ihren Wahlkampf erhalten haben. Diese Stiftung steht in Verbindung mit George Soros, der als ärgster Feind von Ministerpräsident Viktor Orbán gilt und bei den letzten Wahlen in Ungarn nichts unversucht gelassen hat, um die Abwahl Orbáns zu erreichen. Unterstützt wurde er dabei von der US-Regierung, denn das von dieser finanzierte National Endowment for Democracy (NED) hat Action for Democracy finanziell gefördert.

Ob Transparency International die Bestechung ungarischer Oppositionsparteien durch Soros bei der Berechnung der ungarischen Korruption berücksichtigt hat, ist leider nicht bekannt.

Die nächste Organisation, mit der wir uns befassen wollen, ist Bellingcat. Sie ist weniger bekannt, aber medial sehr einflussreich, und zwar deshalb, weil sich die Medien gerne auf »Recherchen« von Bellingcat berufen, ohne unbedingt zu wissen, dass Bellingcat dahintersteckt.

Der *Spiegel* präsentiert Bellingcat als Partner, mit dem er schon viele »Recherchen« durchgeführt hat. Ich aber sehe Bellingcat als direkt vom britischen und von US-Geheimdiensten gesteuertes Propagandainstrument, das stets deren Wünschen entsprechend abliefert. Und der *Spiegel* macht dabei mit und nennt das »Recherchieren«.

Bellingcat kommt immer dann zum Einsatz, wenn es darum geht, Horrorgeschichten über die Gegner des Westens (Russland, Syrien etc.) zu verbreiten. Dabei hat dieses »internationale Recherchekollektiv«, wie es sich auf seiner Website nennt, angeblich ständigen Zugriff auf Passdatenbanken, Daten über Visaerteilungen, Einreisen in die EU, GPS-Bewegungsdaten aus Handys, Bilder von Überwachungskameras an Grenzkontrollstellen und so weiter – also Daten, die man nur von Geheimdiensten bekommen kann. Dabei behauptet es aber in einem Dokumentarfilm , über den ich seinerzeit berichtet habe, allen Ernstes, diese offen im Netz zu finden.[102]

Das Ergebnis dieser Einflüsterungen westlicher Geheimdienste präsentiert der *Spiegel* dann als »gemeinsame Recherchen« mit Bellingcat, was auch Fragen über die Rolle dieses Mediums aufwirft, wenn er so nahe an westlichen Geheimdiensten dran ist und seinen Lesern deren Angaben als Eigenrecherchen verkauft.

Dass Bellingcat in seinen Jahresberichten offen angibt, von Geheimdiensten sehr nahestehenden Organisationen (zum Beispiel dem NED) finanziert zu werden, ist eine weitere Bestätigung für die These, dass es ein Instrument der Geheimdienste ist. Aber zu dessen Finanzierung kommen wir noch.

Zunächst schauen wir uns ein Beispiel für die Arbeitsweise von Bellingcat an.

Der russische Geheimdienst FSB hat bekannt gegeben, dass er eine Operation des ukrainischen Geheimdienstes SBU vereitelt hat. In Deutschland hat darüber meines Wissens nur RT-DE berichtet, jedoch ist das keine russische Propaganda, denn ein Bellingcat-Mitarbeiter hat seine Beteiligung an dieser Operation eingestanden.

RT-DE hatte am 25. Juli 2022 die Meldung des russischen Geheimdienstes weitergegeben, der ukrainische Geheimdienst habe versucht, mit russischen Piloten in Kontakt zu kommen, und ihnen bis zu einer Million Dollar angeboten, wenn sie mit ihrem Flugzeug die Seite wechseln würden. Daraufhin wandte sich ein russischer Pilot an den FSB und ging zum Schein auf das Angebot ein. Der ukrainische Geheimdienst stellte ihm eine »Anzahlung« von einigen Tausend Dollar in Aussicht, wenn er mit einem bestimmten Foto beweise, dass er wirklich zum Überlaufen bereit sei. RT-DE schrieb:[103]

> Da Geldüberweisungen zwischen Russland und dem Ausland derzeit aufgrund von Sanktionen stark eingeschränkt sind, sollten die Piloten in bar bezahlt werden. Der FSB nahm bereits einen Mittelsmann fest, der angeblich Lieferboten beauftragt hatte, das Geld zu übergeben. Der Festgenommene behauptete, er habe den Befehl von Christo Grozew erhalten und ihm vertraut.

Christo Grozev ist ein Mitarbeiter von Bellingcat, der sich auf antirussische »Recherchen« spezialisiert hat. Dass er an einer Operation des ukrainischen Geheimdienstes beteiligt war, zeigt, dass Bellingcat eben keine »unabhängige Rechercheplattform« ist, sondern sehr eng mit den westlichen Geheimdiensten zusammenarbeitet, also nichts weiter als ein Instrument der Geheimdienste ist.

All das ist keine russische Propaganda, denn Grozev hat seine Beteiligung bei Radio Liberty zugegeben.[104] Allerdings stellte er es so dar, dass er dabei nur ein Video über den Kampf zwischen russischen und ukrainischen Spionen machen wollte.

Selbst wenn diese Behauptung stimmen sollte (was mehr als unwahrscheinlich ist), ist die Tatsache, dass Geheimdienste Grozev in eine streng geheime Operation einweihen und ihn dabei sogar filmen lassen, ein Beleg für die sehr engen Verbindungen zwischen Grozev und den Geheimdiensten. Und da Grozev einer der wichtigsten »Rechercheure« von Bellingcat ist, wenn es um antirussische Horrorgeschichten geht, ist das ein weiterer Beleg für die engen Verstrickungen zwischen Bellingcat und westlichen Geheimdiensten.

Wir dürfen dabei nicht vergessen, dass Desinformation eine der wichtigsten Funktionen von Geheimdiensten ist. Geheimdienste haben nicht nur die Aufgabe, zu spionieren oder Spionage abzuwehren, sondern spielen auch eine sehr wichtige Rolle bei der Beeinflussung der öffentlichen Meinung in die von ihren Auftraggebern gewollte Richtung. Dass dabei ganz bewusst gelogen wird, ist nun einmal ein wichtiger Teil der Arbeit von Geheimdiensten. Und genau dazu werden Organisationen wie Bellingcat geschaffen: Sie tragen als angeblich unabhängige Rechercheure die gewünschten Informationen in die Welt. Mit »Recherche« hat das allerdings per Definition nichts zu tun.

Und übrigens auch nicht mit »Journalismus«, lieber *Spiegel,* der du dich so gerne und oft deiner Zusammenarbeit mit Bellingcat rühmst. Wenn man Geheimdienstinformationen als eigene Recherchen verkauft, ist dies eine bewusste Verbreitung von Desinformation. Und der Fachbegriff dafür lautet nicht »Journalismus«, sondern »Propaganda«.

Ich habe im Februar 2021 einen langen Artikel über die Finanzierung von Bellingcat geschrieben, den ich im Folgenden mit ein paar Veränderungen und Zusätzen noch einmal verwenden möchte, da die Informationen über die Finanzierung von Bellingcat immer noch aktuell sind. Er trug den Titel »Spiegel-Partner Bellingcat: Wie westliche Regierungen und Geheimdienste die Fäden ziehen«:[105]

Bellingcat weiß immer alles, was andere nicht herausbekommen können. Bellingcat weiß, wer MH17 über der Ukraine abgeschossen hat und wer die Skripals vergiftet hat, Bellingcat hat Informationen über den Tiergartenmord und weiß alles über Giftgasangriffe in Syrien. Und Bellingcat wusste auch sofort, wer Nawalny angeblich vergiftet hat. Bellingcat weiß einfach alles.

Das ist keineswegs übertrieben formuliert, denn nicht nur diese ganzen Geschichten, sondern auch die Informationen, die in den westlichen Medien erzählt werden, stammen von Bellingcat.

Während Bellingcat früher, als es um MH17 oder Giftgas in Syrien ging, seine Informationen offiziell noch angeblich aus öffentlich zugänglichen Quellen bezogen und einfach nur Fotos aus sozialen Netzwerken ausgewertet haben will, kann diese Legende spätestens seit der angeblichen Vergiftung der Skripals mit Nowitschok nicht mehr aufrechterhalten werden, denn dabei präsentierte Bellingcat erstmals Daten über Visaerteilungen, Fotos von Überwachungskameras an europäischen Flughäfen, Daten aus Passdatenbanken oder über Flugbuchungen.

Diese Daten sind nicht öffentlich zugänglich, und Bellingcat kann sie nur von (wahrscheinlich britischen und amerikanischen) staatlichen Stellen bekommen haben. Und dann gibt es nur zwei Möglichkeiten: Entweder jemand hat sie illegal an Bellingcat [durchgestochen], dann müsste aber der Staatsanwalt deswegen gegen die undichte Stelle und Bellingcat selbst ermitteln, oder die Regierungen (sprich die Geheimdienste) haben sie an Bellingcat weitergegeben. Da es keine Ermittlungen wegen der illegalen Weitergabe der Daten gegeben hat, bleibt nur die zweite Variante, und damit handelt es sich nicht um Ergebnisse von Recherchen, sondern es sind Informationen, von denen Geheimdienste wollen, dass sie öffentlich werden. Und sie können frei erfunden sein.

Der Gründer von Bellingcat, Elliot Higgins, wird von US-Thinktanks finanziert und liefert immer genau das, was seine Sponsoren hören wollen. Dabei wird er offensichtlich von westlichen Geheimdiensten mit Informationen versorgt, und niemand – auch Bellingcat selbst nicht – kann kontrollieren, ob diese Informationen der Wahrheit entsprechen oder bewusst von Geheimdiensten gestreute Desinformationen sind.

Eigentlich müssten kritische Medien bei so einer Quelle äußerst misstrauisch sein, aber die westlichen Medien verbreiten die »Enthüllungen« von Bellingcat bereitwillig und unkritisch.

Und nicht nur das: Der *Spiegel* rühmt sich immer wieder, selbst Teil von Bellingcats Rechercheteam zu sein. Der *Spiegel*, Bellingcat und CNN haben seinerzeit behauptet, sie wüssten ganz genau, wer Nawalny vergiftet hat. Dabei haben sie sich wieder auf Informationen gestützt, die sie ohne Hilfe westlicher Geheimdienste nicht bekommen konnten, nämlich zum Beispiel Flugbuchungen und GPS-Bewegungsdaten von Telefonprovidern. Diese Informationen aus so vielen Quellen (verschiedene Fluggesellschaften und Telekom-Unternehmen) sind nicht ohne Hilfe von Geheimdiensten zu erhalten.

Man kann ja noch erzählen, man habe eine undichte Stelle bei einer Fluggesellschaft, die einem Informationen zusteckt, aber nicht bei allen Fluggesellschaften und auch noch allen Telekom-Unternehmen. Wer so etwas behauptet, der verkauft seine Leser für dumm, aber das tun die »Qualitätsmedien« ja gerne.

Ich behaupte aufgrund dieser und vieler anderer Hinweise (inklusive der Tatsache, dass der Bellingcat-Gründer Elliot Higgins lange Zeit beim Atlantic Council als Partner und Experte geführt wurde), dass Bellingcat nichts weiter ist als ein Propagandainstrument der westlichen Regierungen (namentlich der USA und Großbritanniens).

Aber lässt sich das auch belegen?

Da bekanntermaßen derjenige, der bezahlt, auch die Musik bestellt, schauen wir uns einmal an, wer Bellingcat und Higgins finanziert. Bellingcat selbst nennt seine wichtigsten Finanziers und Partner auf seiner Homepage,[106] und diese Liste unserer »üblichen Verdächtigen« schauen wir uns nun der Reihe nach an.

Von der Adessium Foundation hat kaum jemand etwas gehört, aber in diesem Buch wurde sie schon erwähnt, denn sie finanziert auch die Reporter ohne Grenzen und Transparency International …

Adessium ist eine NGO, die zum größten Teil von einem Staat, in diesem Fall der niederländischen Regierung, finanziert wird.[107] Die geopolitische Rolle der Niederlande ist hoch spannend, denn was kaum jemand weiß, ist, wie sehr die Niederlande sich hinter den Kulissen bei Regimechanges und Kriegen engagieren. …

Diese Dinge sind unpopulär und haben in den Niederlanden immer wieder für Skandale gesorgt, da ist es sehr hilfreich, wenn man als Regierung eine NGO hat, die für positive Presse sorgt und von den Skandalen ablenkt. Genau das tut Adessium, denn es finanziert wiederum angeblich unabhängige Journalisten wie das Internationale Netzwerk investigativer Journalisten oder in Deutschland Correctiv. Das Internationale Netzwerk investigativer Journalisten wiederum ist ein Projekt des Center for Public Integrity (CPI) in den USA. Und wer finanziert das CPI? Richtig, unter anderem George Soros.

Das CPI wurde in Deutschland bekannt, weil es die Panama-Papers geleakt hat, die für eine mediale Attacke gegen Putin genutzt wurden, obwohl sein Name in den Papers gar nicht vorkam. Aber Putins angebliche Verbindungen zu den Panama-Papers haben die Schlagzeilen beherrscht, während die 72 ehemaligen und aktuellen Staatsoberhäupter und vielen bekannten Politiker und Geschäftsleute, die tatsächlich in den Papers genannt wurden, medial kaum eine Rolle gespielt haben. Zum Beispiel der damalige Präsident der Ukraine Petro Poroschenko, der Vater des britischen Premierministers David Cameron, der Premierminister von Island, der Präsident von Argentinien, die Schwester des spanischen Königs, der Sohn des Premierministers von Malaysia, die Fußballer Messi und Platini. Und so weiter und so fort. Diese Leute haben die Medien aber nicht allzu sehr interessiert, denn die Panama-Papers sollten im Informationskrieg gegen Russland eingesetzt werden und nicht etwa krumme Geschäfte führender westlicher Politiker ans Licht zerren.

An diesem Netzwerk und an den Beispielen sieht man, wie Adessium arbeitet und wen die Foundation unterstützt. Es geht um mediale Unterstützung für die Politik des Westens, und daher finanziert Adessium auch Bellingcat, das dabei eine wichtige Rolle spielt.

Aber das Geld von Adessium kommt am Ende vom niederländischen Staat, was aber vor der Öffentlichkeit verschleiert werden soll, weshalb die niederländische Regierung Adessium zwischenschaltet …

Die Nationale Postcode Loterij ist eine besonders interessante Geschichte, und auch sie führt uns in die Niederlande. Die Niederländische Post-Lotterie veranstaltet auf Postleitzahlen basierende Lottospiele und finanziert 105 humanitären Organisationen. So weit, so unverfänglich.

Aber aus irgendeinem Grund hat die Post-Lotterie 2019 auch Bellingcat mit 500 000 Euro unterstützt, wie Elliott Higgins selbst am 4. März 2019 stolz auf Twitter gemeldet hat (hier ins Deutsche übersetzt):[108] »Bellingcat hat gerade eine halbe Million Euro an Fördermitteln von der niederländischen Postleitzahlenlotterie #GoedGeldGala erhalten! Wir werden dieses Geld für die Eröffnung unseres neuen Büros in den Niederlanden ausgeben, wo unsere neuen Schulungsprojekte im Jemen und vor Ort starten werden. *https://t.co/s2NPRtMcmf.*«

Ich sagte ja schon, dass die geopolitische Rolle der Niederlande ausgesprochen interessant ist und dass das Land unglaublich viele Stiftungen und Organisationen hat, mit denen es hinter den Kulissen wiederum Organisationen finanziert, von denen man es kaum erwartet hätte.

Übrigens gibt es solche Postleitzahlen-Lotterien in vielen Ländern (auch in Deutschland), und sie alle arbeiten nach dem gleichen Prinzip: Sie werben damit, Lotterie und edle Ziele wie humanitäre Hilfe oder Umweltschutz zu verbinden, indem sie an entsprechende Stiftungen und NGOs spenden. Aber finanziert werden mit den Geldern oft Organisationen, die ganz andere Ziele verfolgen.

Bellingcat ist ein schönes Beispiel dafür, wie wichtig die Niederlande hinter den Kulissen sind. Bellingcat hat eine Tochterstiftung in den Niederlanden gegründet, die von der Firma Zandstorm CV Geld erhält. Über diese Firma konnte ich nichts herausbekommen, außer einem Auszug aus dem niederländischen Handelsregister, der aber auch keine Informationen enthält.[109] Aber der Auditreport der niederländischen Bellingcat-Stiftung von 2019 weist Zahlungen der Post-Lotterie, von Adessium und Zandstorm aus.[110]

Nur nochmal zur Erinnerung: Seine niederländische Tochter hat Bellingcat dank der Spende der Post-Lotterie in Höhe von 500 000 Euro gegründet.[111] Die Lotterie hat diese Tochter erst möglich gemacht. …

Außerdem wird in dem Auditreport von Bellingcat noch eine Zahlung von »Porticus Auxilium« ausgewiesen, was interessant ist. Dabei handelt es sich um Stiftungen der C&A-Gründerfamilie Brenninkmeijer. Die setzen sich nach ihrer Eigenwerbung für Menschenwürde und soziale Gerechtigkeit ein. Auf der deutschen Seite kann man lesen:[112] »Die von der Stiftung Auxilium unterstützten Projekte decken die Themen Bildung, Soziales, Glaube und Gesundheit ab. Die Prinzipien der Katholischen Soziallehre sind ein Kompass für diese Unterstützungstätigkeiten und traditionell eine Inspirationsquelle für die Unternehmer der Familie Brenninkmeijer.«

Aber Porticus Auxilium scheint die Unterstützung von Bellingcat peinlich zu sein, denn Bellingcat hat mit den genannten Zielen nun wirklich nichts zu tun. Jedenfalls findet man weder auf der deutschen noch auf der niederländischen Seite etwas zu Bellingcat. Porticus Auxillium verschweigt die Zahlungen an Bellingcat auf seiner Seite kurzerhand.

Ein weiterer Finanzier von Bellingcat ist der Sigrid Rausing Trust. Diese Stiftung wurde von einer Enkelin des Tetra-Pak-Erfinders gegründet. Sie fördert nach eigenen Angaben alle möglichen Projekte im Bereich Menschenrechte, und sie fördert auch Bellingcat, wobei sich wieder die Frage stellt, was Bellingcat mit Menschenrechten zu tun hat.[113]

Unabhängige Informationen über den Sigrid Rausing Trust sind kaum zu finden. Daher zeige ich hier einige Beispiele für die Aktivitäten dieses Trustes laut seinem eigenen Jahresbericht.[114]

Die meisten Projekte sehen unverfänglich aus, aber sobald es um Länder geht, in denen ich mich auskenne, ist das nicht mehr so. In Weißrussland unterstützt der Trust seit 2007 über das im Baltikum ansässige »Barys Zvozskau Belarusian Human Rights House« die Opposition, und in der Ukraine wurde der Trust 2014 aktiv und unterstützt »StopFake« – eine Organisation, die sich gegen »russische Desinformation nach der Annexion der Krim« einsetzt.

Da in der Ukraine schon seit Februar 2021 nicht einmal mehr versucht wird, die Zensur unauffällig durchzuführen – damals wurden dort die letzten regierungskritischen TV-Sender verboten –, zeigt sich deutlich, wofür der Trust in Wahrheit steht. Er ist auch nur ein weiteres Instrument des Westens im geopolitischen Informationskrieg.

Auch Stichting Saxum Volutum unterstützt Bellingcat, und damit sind wir wieder in den Niederlanden. Diese Stiftung mit Sitz in Amsterdam ist ein Rätsel. Sie unterstützt Bellingcat finanziell, aber im Netz konnte ich nichts über sie finden. Die wenigen Suchergebnisse, die die Suchmaschinen auswerfen, zeigen keine Internetseite, keine Jahresberichte, einfach gar nichts an. Allerdings sieht man an den Suchergebnissen immer wieder Verbindungen unter anderem zum NED, aber wenn man die Ergebnisse anklickt, handelt es sich zum Teil um bereits wieder gelöschte Seiten.

Das National Endowment for Democracy (NED), das Bellingcat natürlich ebenfalls finanziert, kennen wir schon.

Das waren nur die Unterstützer, die Bellingcat selbst auf seiner Homepage nennt, … aber das waren keineswegs alle Unterstützer von Bellingcat. … In einem Tweet von 2017 hat Elliot Higgins selbst noch andere Finanziers genannt.[115]

Bellingcat has received money from the following:

- OSF
- NED
- Adessium
- Meedan
- Google
- Crowdfunding

Auch das ist interessant: Das NED ist ein stabiler Finanzier von Bellingcat, und das NED ist gleichzusetzen mit der US-Regierung und ist ein verlängerter Arm der CIA. Und plötzlich versteht man, wie Bellingcat an die Aufnahmen von Überwachungskameras an der britischen Grenzkontrolle gekommen ist, um uns die angeblich russischen Agenten bei der Einreise nach Großbritannien zu zeigen, bevor sie angeblich versucht haben, die Skripals mit Nowitschok zu vergiften. Oder woher hatte Bellingcat im Fall Nawalny Flugbuchungen und GPS-Bewegungsdaten von den angeblichen Mördern von Nawalny? Oder woher wusste Bellingcat alles über Visaantrag und Passdaten des Tiergartenmörders?

Ob die Angaben der Wahrheit entsprechen, weiß kein Mensch, aber woher Bellingcat sie hat, ist offensichtlich. Aber der *Spiegel* erzählt seinen Lesern regelmäßig Geschichten von »gemeinsamen Recherchen«. Was sagt das eigentlich über den *Spiegel* selbst aus?

Und natürlich durfte auf der Liste von Higgins Google nicht fehlen, das sich inzwischen als Propagandainstrument der US-Politik präsentiert und alles zensiert, was den USA (oder besser den dortigen Eliten) nicht genehm ist.

Aber wer ist OSF, die Higgins in seinem Tweet erwähnt? Haben Sie es erraten? Das sind die Open Society Foundations von Soros. Wo westliche Geheimdienste am Werk sind, Desinformationen verbreiten und versuchen, gegen fremde Regierungen zu putschen, da ist Soros immer in der ersten Reihe dabei.

Und Bellingcat ist dafür – zusammen mit Partnern wie dem *Spiegel* – eines der notwendigen Propagandainstrumente.

Wie unabhängig kann Bellingcat also sein, wenn diese Organisation tief in die transatlantischen Netzwerke eingebunden ist und von ihnen bezahlt wird?

Bellingcat hat nicht nur mediale Macht, weil seine »Recherchen« die Grundlage für viele Narrative und Geschichten der westlichen Medien sind, sondern wird von diesen auch nach Kräften unterstützt und beworben. Ein schönes Beispiel dafür ist eine ziemlich absurde Doku, die Arte ausgestrahlt hat.

Arte hat die Doku »Bellingcat – Truth in a Post-Truth World« (»Bellingcat – Die Wahrheit in einer postfaktischen Welt«) ausgestrahlt, die sogar einen Emmy gewonnen hat. Darin werden einige Bellingcat-Mitarbeiter präsentiert, sehr sympathisch und oft mit Familie und Kindern; es soll also auf emotionaler Ebene Sympathie für diese »Kämpfer für die Wahrheit« geweckt werden. In der Doku wird mehrmals explizit behauptet, alle Mitarbeiter von Bellingcat seien enthusiastische Freiwillige, sie würden in ihrer Freizeit recherchieren und für die Wahrheit kämpfen. Dabei hat Bellingcat jährlich ein Millionenbudget zur Verfügung und bezahlt seine Leute. Das aber erfährt man in der Doku bestenfalls zwischen den Zeilen, wenn Bellingcat-Gründer Higgins beispielsweise davon spricht, dass er die Leute eingestellt hat.

Außerdem geht die Doku einige der Fälle durch, die Bellingcat angeblich ermittelt oder aufgedeckt haben will. Vor allem geht es dabei um MH17, Angriffe in Syrien und die Skripals. Garniert wird das Ganze mit Kommentaren von vorgeblich unabhängigen Experten, die erzählen, wie gut und wichtig die Arbeit von Bellingcat sei.

Dabei wird, wie ich nun aufzeigen werde, gelogen, dass sich die Balken biegen.

Es beginnt damit, dass Claire Wardle, die in dem Film immer wieder zu Wort kommt, Bellingcat ausführlich lobt. Wardle ist eine Mitgründerin der NGO First Draft News. Diese NGO wurde auf Veranlassung von Google gegründet und wird unter anderem von Soros' Open Society Foundations finanziert. Wardle lässt die Zuschauer wissen, Bellingcat wolle den »Mächtigen auf die Finger schauen« und dort würden unabhängige Experten arbeiten.

Alsdann erfährt der Zuschauer, dass Bellingcat »keine Unterstützung durch irgendwelche Institutionen« erhält.

Das ist die erste große Lüge, wie wir gerade gesehen haben.

Das Beste aber ist, dass Bellingcat von denen finanziert wird, die in dem Film so lobend über Bellingcat sprechen. Claire Wardle arbeitet für eine NGO, die auch von Soros und Google finanziert oder gegründet wurde. In dieser Doku darf also eine von Soros und Google finanzierte NGO das von Soros und Google finanzierte Bellingcat loben. Das nennt man Eigenlob. Der Zuschauer aber kennt diese Zusammenhänge nicht, und so entsteht der Eindruck, dass völlig unabhängige Organisationen und Experten Bellingcat ihre höchste Anerkennung zollen.

Darüber, dass diese »Institutionen«, von denen Bellingcat angeblich vollkommen unabhängig ist und kein Geld bekommt, Bellingcat jedes Jahr mit Millionen finanzieren, fällt in der Doku kein einziges Wort, obwohl man das in den Rechenschaftsberichten von Bellingcat sogar nachlesen kann.

Die Doku geht dann einige der »Rechercheprojekte« von Bellingcat durch – zum Beispiel das 2014 über der Ukraine abgeschossene Flugzeug MH17.

MH17 wurde, nach allem, was man weiß, von einer Abfangrakete des Typs Buk abgeschossen. Bellingcat veröffentlichte schon 2014 eine »Recherche«, in der behauptet wurde, die Rakete habe aus Russland gestammt. Darauf berufen sich die westlichen Medien bis heute. In der Doku wird das als Fakt dargestellt: Die Rakete sei aus der russischen Armee geflogen gekommen, die Russen hätten das Flugzeug also abgeschossen. Alles, was nicht ins Bild passt, wird verschwiegen.

Ein Beispiel: Im Mai 2018 gaben die niederländischen Ermittler eine Pressekonferenz und teilten mit, unter den Trümmerteilen sei auch ein Teil der Rakete gewesen und man habe die Seriennummer herausgefunden. Nur wisse man nicht wirklich, was die Zahlen bedeuten. Trotzdem berichteten die deutschen Medien euphorisch, nun sei Russlands Schuld endgültig bewiesen.

Russland hob die Geheimhaltung zu diesem Vorkommnis im September 2018 auf und teilte mit, anhand der Nummer die Rakete identifiziert zu haben:[116] Sie sei im Dezember 1986 produziert und dann per Bahn in die Westukraine zu einer Luftabwehrdivision gebracht worden. Damals gehörte die Ukraine bekanntlich noch zur Sowjetunion. Dort sei die Rakete geblieben und nach dem Zerfall der Sowjetunion in die Bestände der ukrainischen Armee übergegangen.

Man muss den Russen das nicht glauben, aber die Ukraine widerspricht dem nicht. Sie könnte das ja tun, denn auch sie verfügt ja über die Seriennummern der Raketen ihrer Armee. Da die westlichen Medien dies aber komplett verschweigen, stellt niemand Fragen dazu. Stattdessen wird in den westlichen Medien weiterhin die Bellingcat-Geschichte erzählt.

Noch dreister wird das Lügengestrick in der Doku, als der »Leitende Ermittler« des holländischen Ermittlerteams, Wilbert Paulissen, zu Wort kommt. Er war aber gar nicht »Leitender Ermittler« des Teams, das den Abschuss aufklären sollte, sondern lediglich ein Mitglied dieses Teams. Paulissen erzählt zum Beispiel in der Doku, der Tatort sei für die Ermittler nicht zugänglich gewesen, weshalb die Arbeit von Bellingcat so wichtig gewesen sei.

Das ist gelogen. In meinem Buch über die Ukraine habe ich ausführlich aus den Berichten der Ermittler und der OSZE-Beobachter zitiert und auch die Quellen angegeben. Die OSZE und die Holländer hatten vom ersten Tag an Zugang zum Unglücksort, nachdem sie in

Donezk eingetroffen waren. Das kann jeder in den Berichten der OSZE aus den Tagen nach dem Abschuss des Flugzeugs nachlesen. Und es steht auch in den Untersuchungsberichten der niederländischen Ermittler, die in ihren Berichten übrigens die ostukrainischen Rebellen ausdrücklich für ihre professionelle Arbeit bei der Bergung der Leichen gelobt haben. Die Doku vermittelt aber einen völlig anderen Eindruck.

Dann erzählt Paulissen in der Doku, im Internet seien wichtige Telefonate »aufgetaucht«, die Bellingcat für seine Arbeit genutzt habe. Aus den Telefonaten sei hervorgegangen, dass die Rebellen (oder besser gesagt die Russen) das Flugzeug abgeschossen hätten. Was Paulissen verschweigt, ist, dass die Telefonate keineswegs einfach »aufgetaucht« sind, sondern vom ukrainischen Geheimdienst SBU veröffentlicht wurden und ihre Echtheit sehr umstritten ist.

Die Niederlande spielen bei MH17 generell eine sehr merkwürdige Rolle. Und Paulissen ist ein Polizeibeamter in Führungsposition, also jemand, der der niederländischen Regierung gegenüber weisungsgebunden ist. So lässt es sich erklären, dass er in der Doku leicht widerlegbare Lügen ins Mikro spricht.

Nun, wie es der Zufall will, erhält Bellingcat einen Großteil seiner Spenden von den Niederlanden und hat mit dem Geld ein Büro in Den Haag eröffnet, von wo man fast zu Fuß zu den niederländischen Ministerien spazieren kann.

Und noch ein Zufall: Wie man im Vorspann der Doku lesen kann, wurde diese ebenfalls mit niederländischem Geld produziert. Dort ist die Netherlands Film Production Incentive genannt, die sich auf ihrer Website als »nationale Agentur verantwortlich für Filmproduktionen« bezeichnet. Die niederländische Regierung fördert also einen Film, der ein Loblied auf eine von der niederländischen Regierung mitfinanzierte Organisation singt.

Nur erfährt der Arte-Zuschauer das nicht.

Ein weiterer Fall, in dem alle von der westlichen Presse zitierten Erkenntnisse von Bellingcat kommen, ist die angebliche Vergiftung der Skripals mit Nowitschok. Damals hat Bellingcat die »entscheidenden« Informationen geliefert, nämlich die Bilder und Identitäten der vermeintlichen russischen Agenten, die Skripal demnach vergiftet haben sollen. Die Bilder stammen von den Überwachungskameras am Londoner Flughafen.

Wie konnte Bellingcat an diese Bilder kommen? Einzig und allein durch die britische Regierung, also den britischen Geheimdienst, denn frei zugänglich sind solche Bilder nicht.

Doch davon wird in der Doku abgelenkt, indem zunächst erzählt wird, die Bilder seien veröffentlicht worden, ohne dass erwähnt wird, von wem. Und dann habe Bellingcat mit den Bildern gearbeitet und alles Mögliche herausgefunden. Das ist gelogen, denn Bellingcat hatte die Bilder zuerst veröffentlicht. Die westlichen Medien haben damals ausführlich darüber berichtet und Bellingcats »Recherchen« in den höchsten Tönen gelobt.

Noch dreister wird es in der Doku einige Minuten später, als Higgins nebenbei erzählt, er habe die Bilder einfach bei Google Street View gefunden. Für wie blöd halten die Macher solcher Dokus die Zuschauer eigentlich? Seit wann sind bitte Bilder von Überwachungskameras der Passkontrolle am Londoner Flughafen auf Street View einsehbar?

In der Doku wird alles getan, um davon abzulenken, dass Bellingcat ganz offensichtlich Verbindungen zu Geheimdiensten hat. Dabei sind sie es, die Bellingcat mit den Informationen füttern, von denen die Geheimdienste wollen, dass sie an die Öffentlichkeit kommen. Und nur zur Erinnerung: Desinformation gehört zu den Hauptaufgaben von Geheimdiensten, was bedeutet, dass Informationen von Geheimdiensten mit äußerster Vorsicht zu genießen sind. Die Doku ist voll von solchen plumpen Lügen, ich habe hier nur die impertinentesten Beispiele aufgezeigt.

Doch Propaganda ist weit mehr als die Verbreitung von Lügen, Propaganda muss Gefühle auslösen. Sie muss negative Emotionen mit den »Bösen« in Verbindung bringen und positive Gefühle mit den »Helden«. Und das macht diese Doku ausgesprochen geschickt.

Die Protagonisten von Bellingcat werden alle ausgesprochen sympathisch gezeigt, im Kreis ihrer Familien mit Frauen und Kindern. Es wird stark suggeriert, dass sie Leute sind wie du und ich, die aus Idealismus für die Wahrheit kämpfen.

Die Bösen sind in erster Linie die Russen. Das wird immer wieder beiläufig erwähnt, wenn zum Beispiel ein Bellingcat-Mitarbeiter sagt, sie würden »die Russen mit Fakten konfrontieren, die sie nicht widerlegen« könnten. Sehr oft werden solche Aussagen quasi nebenbei eingestreut. Wenn im Film die Rede von den Bösen ist, den Feinden der Demokratie, dann ist auch ein Bild von Putin nie weit. So werden beim Zuschauer unterbewusste Verknüpfungen geschaffen.

Ein weiteres sehr geschickt eingebautes Beispiel: Am Beginn einer »Recherche« über einen Bombenangriff in Syrien sagt ein Bellingcat-Mitarbeiter, man könne »nicht ausschließen, dass es die Russen oder Syrier waren«.

Das ist sehr clever gemacht, denn erstens wird so beim Zuschauer der Eindruck erzeugt, Bellingcat würde tatsächlich ergebnisoffen recherchieren, zweitens werden die Islamisten vom IS als mögliche Täter gar nicht erst genannt. Vor dem Hintergrund der ständig wiederholten Nebenbemerkungen über die bösen Russen, ist sich der Zuschauer bereits sicher, dass das die Russen waren. Wer denn auch sonst?

Überdies werden die Bellingcat-Mitarbeiter in dieser Doku als wahre Helden dargestellt, die sich bei ihrer Arbeit in große Gefahr begeben, weil sie sich mit »mächtigen Akteuren« anlegen. Und wieder ist irgendwo ein Foto von Putin zu sehen. Um diese Gefahr zu unterstreichen, gibt es in der Doku einige Sequenzen darüber, wie Bellingcat einen Mitarbeiter in Berlin nicht erreichen kann und alle sich große Sorgen darüber machen, dass ihm die Gegner von Bellingcat etwas angetan haben könnten. Solche Szenen werden in dem Film immer wieder eingebaut, um eine Spannungskurve zu erzeugen. Am Ende stellt sich heraus, dass der Mann krank und deshalb nicht erreichbar war.

Diese Sequenz hat für den Inhalt des Films keinerlei Informationswert, sie soll dem Zuschauer nur den Eindruck vermitteln, die Bellingcat-Mitarbeiter würden unter Einsatz ihres Lebens arbeiten.

Auch wird immer wieder stolz gezeigt, wie Bellingcat-Gründer Higgins von der Presse interviewt wird, da er ja so viele Interviewanfragen erhalte.

Dann wird eine Episode von Russia Today eingespielt, in der Bellingcat kritisiert und behauptet wird, es sei auch ein Interviewversuch unternommen worden. Das allerdings klingt dann in dem Film so: Während die Belagerung von Higgins Haus durch westliche Journalisten positiv und als Zeichen für das breite Interesse an Bellingcats hervorragender Arbeit dargestellt wird, heißt es über die Interviewanfrage von Russia Today, RT habe Higgins »aufgelauert«, der aber habe gesagt, er würde nie mit RT sprechen! Rede nicht mit dem Feind!

Äußert sich so ein neutraler und investigativer Ermittler? Bei Ermittlungen muss man doch mit allen sprechen.

Nur ist Bellingcat eben als antirussisches Propagandainstrument gegründet worden, wird von den westlichen Staaten finanziert und von westlichen Geheimdiensten mit Informationen versorgt. Und Higgins spielt die ihm zugedachte Rolle und lehnt folglich eine Interviewanfrage des »Feindes« ab.

Im Zusammenhang mit den Skripals wurde das folgende Putin-Zitat in den Film eingebaut:

> Stellen Sie sich vor, Sie sind ja ein Vertreter Ihres eigenen Landes, und nun taucht da ein Mensch auf, der Ihr Land

> verrät. Wie würden Sie über den denken? Das gilt für jeden hier im Saal, egal aus welchem Land Sie kommen.
> Er ist einfach ein Drecksack, das ist alles.

Das hat Putin tatsächlich gesagt (wobei ich den von ihm gebrauchten russischen Ausdruck nicht mit »Drecksack« übersetzen würde, aber sei's drum), und er hatte recht. Die US-Regierung will Snowden, den sie als Verräter bezeichnet, ebenfalls bestrafen, und führende Politiker der USA haben gar öffentlich gefordert, den Mann einfach ermorden zu lassen. Im Übrigen hatten auch Leute, die in Deutschland Hochverrat begangen haben, danach keine gute Presse. Putin hat hier also nichts Ungewöhnliches gesagt.

Aber das war nicht alles, was Putin gesagt hatte. Putin hatte nämlich noch hinzugefügt:

> Da muss niemand vergiftet werden. Skripal ist ein Verräter, wie ich schon sagte. Er wurde erwischt und bestraft, saß insgesamt 5 Jahre im Gefängnis. Wir haben ihn gehen lassen, das war's. Er ist abgereist und arbeitet jetzt als Berater mit irgendwelchen Geheimdiensten zusammen. Na und?

Das aber wurde in der Doku nicht gezeigt, man wollte ja zeigen, dass Putin die Skripals ermorden lassen wollte, und da stören solche Aussagen nur.

Ich kenne das Zitat von Putin deshalb so gut, weil ich die Podiumsdiskussion, aus der dies stammt, in meinem Buch über Putin ausführlich behandelt und zitiert habe.

So werden im Westen Dokumentarfilme gemacht: Es wird gelogen, es wird aus dem Zusammenhang gerissen, es werden suggestive und emotionalisierende Propagandatechniken eingesetzt, um den Zuschauer in die gewünschte Richtung zu beeinflussen, und es wird jedwede Information über die Finanzierung von Organisationen wie Bellingcat verschwiegen.

Und dieser Film erhielt zur Krönung der ganzen Propagande 2019 einen Emmy, sodass seine Qualität als über alles erhaben dargestellt wurde!

Oligarchen oder Philanthropen?

Mancher Leser wird sich vielleicht daran gestoßen haben, dass ich in diesem Buch immer wieder von westlichen Oligarchen spreche und als Beispiele Bill Gates oder George Soros nenne. Es wird Zeit, dass ich das erkläre. Denn wir benutzen viele Begriffe einfach nur deshalb, weil die Medien sie uns vorgeben, doch ohne ihre exakte Bedeutung zu kennen. Das führt dazu, dass wir Begriffe falsch benutzen und damit unbewusst die von Politik und Medien gewollten Narrative verbreiten. Das gilt besonders für die Begriffe »Oligarch« und »Philanthrop«.

Wir wissen aus den westlichen Medien, dass Oligarchen böse sind. Und wir wissen, dass man Oligarchen hauptsächlich in Russland findet. Früher gab es auch in der Ukraine noch Oligarchen, aber von denen hört man in den westlichen Medien schon lange nichts mehr. Heute werden diese von den westlichen Medien »Geschäftsleute« oder »Politiker« genannt.

Auch im Westen gibt es natürlich reiche Menschen, aber das sind – den westlichen Medien zufolge – keine Oligarchen, sondern »Milliardäre«, »Geschäftsleute«, »Investoren« oder sogar »Philanthropen«, die großzügig und selbstlos Stiftungen gründen, um das Leben der Menschen auf der ganzen Welt zu verbessern.

Also sollten wir diese Begriffe und ihre Bedeutungen mal genauer betrachten, um zu verstehen, wie die Medien ihre Leser mithilfe ihrer Umdeutung beeinflussen und wie man sie richtig benutzt.

Was sind Oligarchen?

DWDS – das Digitale Wörterbuch der deutschen Sprache – definierte diesen Begriff vor nicht allzu langer Zeit noch kurz und knapp als »jemand[en], der mit wenigen anderen die politische Herrschaft ausübt«. Heute ist der Eintrag hingegen wesentlich länger:[117]

- 1. Mitglied einer Oligarchie
- 2. (meist abwertend) Person, die durch den rücksichtslosen Aufkauf von Unternehmen in einem Wirtschaftszweig eine marktbeherrschende Stellung erreicht hat, über extremen Reichtum und oft erheblichen politischen Einfluss verfügt; Mitglied einer Oligarchie

Als Beispiele listet das deutsche Wörterbuch dann Medienberichte über russische Oligarchen auf. Sogar im DWDS ist die antirussische Propaganda also allgegenwärtig, obwohl es in Russland , wie wir noch sehen werden, laut dessen Definition heute gar keine Oligarchen mehr gibt.

Auch die Definition auf der deutschen *Wikipedia*-Website hat sich verändert. Vor 2 Jahren stand dort noch:

> Ein Oligarch (von altgriechisch *ὀλίγοι olígoi* »wenige, Minderheit« [Plural zu *ὀλίγος olígos* »gering, wenig«] und *ἄρχων archon* »Herrscher, Führer«) ist ein Wirtschaftsmagnat oder Tycoon, der durch seinen Reichtum über ein Land oder eine Region weitgehende Macht zu seinem alleinigen Vorteil ausübt.

Heute findet man auch dort eine wesentlich längere Begriffserklärung:

> Als Oligarch (von Oligarchie »Herrschaft von Wenigen«) werden zum einen Anhänger der Oligarchie, zum anderen jene bezeichnet, die mit wenigen anderen eine Herrschaft ausüben, im Speziellen auch Großunternehmer, die durch Korruption auch politische Macht über

> ein Land oder eine Region erlangt haben. […] Mit der Verflechtung von Politik und Wirtschaft werden politische Entscheidungsprozesse intransparent und gehen häufig mit autokratischer Herrschaft und Schattenwirtschaft einher. Demokratische und rechtsstaatliche Transformationsprozesse werden behindert.

Und auch auf der deutschen *Wikipedia*-Seite werden dann viele russische Oligarchen als Beispiele angeführt. Die dortige Begriffserklärung ist aber (sicherlich ungewollt) sehr treffend, denn der Satz, »mit der Verflechtung von Politik und Wirtschaft werden politische Entscheidungsprozesse intransparent«, beschreibt sehr genau, was im Westen gerade passiert.

Politik und Medien im Westen machen seit Jahren Werbung für sogenannte »öffentlich-private Partnerschaften«, bei denen der Staat das Geld für Projekte an Stiftungen gibt, die von Milliardären gegründet wurden. Das ist genau die Art von »Verflechtung von Politik und Wirtschaft«, die ich immer wieder mit Beispielen in meinen Büchern und Artikeln kritisiere. Und das funktioniert folgendermaßen: Ein Oligarch gründet eine Stiftung, die sich wohlklingende Projekte ausdenkt, für die sie von den Regierungen der westlichen Staaten dann Geld bekommt, um für die Projekte rein zufällig irgendetwas bei Konzernen zu erwerben, an denen der Oligarch, der die Stiftung gegründet hat, beteiligt ist.

Mit diesem Geschäftsmodell werden die Oligarchen natürlich immer reicher, obwohl sie, wie die westlichen Medien immer behaupten, ihre Stiftungen angeblich gründen, um ihr Geld zur Rettung der Welt zu verschenken. Alle Milliardäre, die in diesem Sinne Stiftungen (NGOs) gegründet haben, sind danach sehr schnell sehr viel reicher geworden.

Ganz nebenbei beeinflussen sie damit auch die Politik der Regierungen, die zu Erfüllungsgehilfen der Oligarchen werden, indem sie Steuergelder in die von den Oligarchen gewollten Projekte pumpen.

Daher war die bereits erwähnter alte Begriffserklärung auf *Wikipedia* sehr treffend: »Ein Oligarch [...] ist ein Wirtschaftsmagnat oder Tycoon, der durch seinen Reichtum über ein Land oder eine Region weitgehende Macht zu seinem alleinigen Vorteil ausübt.«

Genau das tun Leute wie George Soros oder Bill Gates, um nur die bekanntesten Beispiele zu nennen: Sie üben – unbestritten – durch ihren Reichtum Macht aus. Nur erzählen uns die Medien, dass sie dies vollkommen selbstlos tun und es nur zu unserem Besten ist.

Auch die »neuen« Milliardäre der Internetkonzerne üben massiven politischen Einfluss aus, zum einen durch Lobbyismus (also legalisierte Korruption) und zum anderen durch die Zensurmaßnahmen auf ihren Internetplattformen, auf denen sie Meinungen blockieren, die ihnen nicht gefallen. Und da die sozialen Netzwerke heute so wichtig geworden sind, üben auch die Internetmilliardäre großen Einfluss auf die öffentliche Meinung aus.

Aber es gibt nicht viele Milliardäre, vielleicht ein paar Dutzend, die einen derart großen Einfluss haben und die Politik des Westens massiv beeinflussen. Per Definition sind sie Oligarchen, weil sie ihren Reichtum dazu benutzen, »weitgehende Macht« auszuüben.

Es gibt übrigens auch »kleine Oligarchen«. Deren Macht erstreckt sich nicht – wie bei Gates, Soros und so weiter – auf den ganzen Westen, sondern nur auf einzelne Länder. In Deutschland ist die mächtigste Oligarchenfamilie vielleicht die Familie Mohn, die über ihre Bertelsmann Stiftung sowie die Medien, die der Stiftung gehören, zweifellos einen sehr großen Einfluss auf die Politik ausübt.

Unter den Stiftungen dieser Oligarchen im Westen kennt fast jeder Deutsche die Bertelsmann Stiftung, während die Bill and Melinda Gates Foundation oder die Open Society Foundations von Soros sogar weltweit bekannt sind. Das sind aber nur die bekanntesten, es gibt Tausende von diesen Stiftungen.

Die westlichen Medien berichten immer ganz euphorisch darüber, wenn wieder einmal ein Milliardär sein gesamtes Vermögen in eine

Stiftung überführt. Wir erfahren dann, dass dieser Milliardär von nun an nur noch Gutes tun will und deshalb sein Vermögen einer Stiftung übertragen hat, die edelmütige Ziele verfolgt. Als solche werden oft die Bekämpfung von Armut, die Verbesserung von medizinischer Versorgung und Bildung sowie natürlich der Kampf für Demokratie und Wohlstand genannt. In den Medien klingt das so, als wolle der altruistische Stifter sein Geld ausgeben, um die Menschheit zu retten.

Doch das ist falsch. Im deutschen *Wikipedia*-Eintrag kann man dazu einen entscheidenden Satz lesen:[118]

> Bei Stiftungen wird in der Regel das Vermögen auf Dauer erhalten, und die Destinatäre können nur in den Genuss der Erträge kommen.

Im Klartext: Die Stiftung gibt das Vermögen des noblen Stifters nicht etwa aus, sondern ihre Aufgabe besteht im Gegenteil darin, das Vermögen zu erhalten und zu mehren. Für »edelmütige Zwecke« werden bestenfalls die Erträge eingesetzt.

Der große Vorteil für den »ach so gutherzigen« Stifter ist, dass Stiftungen steuerlich begünstigt sind. Das bedeutet, dass er (Bill Gates, George Soros und so weiter) so gut wie keine Steuern für die Stiftungserträge mehr zu bezahlen hat.

Das ist praktisch: Sie erhalten, ja mehren ihr Vermögen, ohne es versteuern zu müssen.

Zwar gehört ihnen ihr Vermögen formal nicht mehr, denn das gehört nun der Stiftung, aber bei der Gründung einer Stiftung kann man so ziemlich alles in die Satzung hineinschreiben und hat daher in der Praxis immer noch vollen Zugriff auf das Vermögen.

Stiftungen sind also nichts anderes als ein gigantisches Steuersparmodell für Superreiche.

Mit dem Geld der Stiftung und mit ihren in der Satzung festgesetzten Zielen kann der Stifter dann politischen Einfluss ausüben, indem er Projekte finanziert und Lobbyarbeit für sie betreibt. Wie das funktioniert, schauen wir uns wieder an den Beispielen Gates und Soros an.

Die Stiftung von Bill Gates ist an so ziemlich allen Firmen beteiligt, die sich im Westen mit Impfungen oder Testsystemen für Viren beschäftigen. Die Liste der Investments der Stiftung ist ausgesprochen spannend zu lesen, und man lernt dabei unglaublich viele Firmen kennen, die sich an Covid-19 eine goldene Nase verdient haben.[119] Und wie es der Zufall will, hatte Bill Gates als größter »Spender« der WHO einen riesigen Einfluss darauf, welche Impfstoffe oder Testsysteme während der Pandemie weltweit eingesetzt wurden.

Er hatte nämlich ein paar Hundert Millionen an die WHO und andere Organisationen gespendet und verdiente, als die Pandemie einsetzte, über seine Beteiligungen an Pharmafirmen (unter anderem an BioNTech und Pfizer) Dutzende von Milliarden. So einfach und banal funktioniert das System.

George Soros investiert vor allem in Währungen. Als er Großbritannien 1992 durch Spekulationen gegen das Englische Pfund fast in die Pleite trieb, war das sein finanzieller Durchbruch. Unmittelbar danach gründete er seine Open Society Foundations, mit denen er sich politischen Einfluss sicherte – zunächst in Osteuropa und inzwischen weltweit.

2014 investierte Soros 5 Milliarden in ukrainische Staatspapiere. Und als das Land nach dem Maidan, den Soros finanziert hat, vor dem Konkurs stand, kämpfte Soros im Westen – vor allem in der EU – mit aller Macht dafür, dass die EU die Ukraine mit Finanzhilfen rettete. Der »selbstlose Einsatz« von Soros für die »Demokratie in der Ukraine« war nichts anderes als eine Rettungsaktion seiner investierten Milliarden, die im Falle eines Staatsbankrotts des Landes futsch gewesen wären. Darüber hinaus ging es ihm natürlich auch um politischen Einfluss in der Ukraine selbst, wo Soros anschließend ebenfalls blendend verdient hat.

Würde es im Westen freie Medien geben, müssten diese solche Zustände eigentlich anprangern. Denn wie passt es zu einer vermeintlichen Demokratie, wenn einige wenige Oligarchen erst ihr Vermögen vor der Steuer schützen dürfen, um es anschließend für politische Einflussnahme zu verwenden, die das Ziel hat, ihr Vermögen und ihre Macht zu vergrößern?

Demokratie ist die Herrschaft des Volkes. Aber wer im Volk will Zustände, in denen einige wenige Superreiche die politische Herrschaft ausüben? Was hat das mit Demokratie zu tun? Wer immer noch glaubt, der Westen lebe in Demokratien, wird solche Fragen als geradezu ketzerisch empfinden.

Dabei ist das ganz einfach. Die Oligarchen Gates und Soros, die ich hier stellvertretend für alle anderen anführe, haben die Berichterstattung der Medien gekauft. Das haben wir uns bereits angeschaut, und das sagen sie selbst auch ganz offen, sie formulieren es nur netter.

Bill Gates finanziert »unabhängige Berichterstattung« ganz offiziell mit Hunderten Millionen Dollar. Über diese Praxis, dass NGOs angeblich unabhängige Medien finanzieren, schrieb die *taz* einmal:[120]

> In den USA ist das längst ein etabliertes Feld. Die US-amerikanische Journalismusforscherin Magda Konieczna kam zu dem Schluss, dass Stiftungen dort allein zwischen 2009 und Mitte 2016 mehr als eine Milliarde US-Dollar in journalistische Projekte gepumpt haben.

Der *Spiegel* steht dazu, dass Bill Gates ihn bezahlt, und schreibt dazu:[121]

> Die Bill & Melinda Gates Foundation (BMGF) unterstützt das Projekt über drei Jahre mit einer Gesamtsumme von rund 2,3 Millionen Euro – das sind 760 000 Euro pro Jahr.

Und dass dies nicht das erste Mal ist, kann man hier ebenfalls nachlesen:

> Der SPIEGEL hat in den vergangenen Jahren bereits zwei journalistische Projekte mit dem European Journalism

> Centre (EJC) und der Förderung der Bill & Melinda Gates Foundation umgesetzt: Die »Expedition Übermorgen« über globale Nachhaltigkeitsziele (Laufzeit: 2016–18, Förderung: 250 000 Euro) sowie das journalistische Flüchtlingsprojekt »The New Arrivals«, in deren Rahmen mehrere preisgekrönte Multimedia-Reportagen zu den Themen Migration und Flucht entstanden sind (Laufzeit: 2017/18, Förderung: 175 000 Euro).

Außerdem erfährt man, dass das ganz normal ist. Auf die Frage, ob auch andere Medien sich von der Bill and Melinda Gates Foundation (BMGF) bezahlen lassen, antwortet der *Spiegel*:

> Ja. Große europäische Medien wie »The Guardian« und »El País« haben mit »Global Development« beziehungsweise »Planeta Futuro« ähnliche Sektionen auf ihren Nachrichtenseiten mit Unterstützung der Gates-Stiftung aufgebaut. Auch viele weitere internationale Medien sind eine Kooperation mit der BMGF eingegangen, darunter »Le Monde«, »BBC« und «CNN«. Auch in Deutschland werden Redaktionen von Stiftungen unterstützt, etwa die investigativen Teams von »Correctiv« und »Investigate Europe«, ebenso die Wissenschaftsredaktion des Science Media Center Germany (SMC).[122]

Nun dürfen wir mal raten, ob der *Spiegel* kritisch über Gates berichten kann, ohne zu riskieren, in Zukunft keine Millionen mehr von ihm zu bekommen. Das Medium selbst behauptet natürlich, dass die Bezahlung durch Gates keinen Einfluss auf seine Berichterstattung hat.

Dass Soros Medien unter anderem über sein Project Syndicate lenkt, haben wir schon besprochen. Gates und Soros sind per Definition

Oligarchen, weil sie ihr Geld nutzen, um ihre politischen und wirtschaftlichen Ziele voranzutreiben und dazu die öffentliche Meinung und politische Entscheidungen beeinflussen.

Wir sehen, dass man durchaus auch im Westen Oligarchen im Sinne der oben angeführten Begriffsdefinition antrifft. Denn dort gibt es Leute, die »durch ihren Reichtum über ein Land oder eine Region weitgehende Macht zu ihrem alleinigen Vorteil ausüben«. Die Bezeichnung »Oligarch« ist also passend für diese Leute.

Und damit ist, wenn wir den Gedanken zu Ende denken, der Westen keine Demokratie, sondern eine (gut getarnte) Oligarchie, in der einige wenige sehr reiche und mächtige Leute herrschen und den Menschen (mithilfe der von ihnen finanzierten und gelenkten Medien) die Illusion einer Demokratie vorspielen.

Das ist keine »kranke Verschwörungstheorie«, sondern hat 2014 eine große Studie von zwei Professoren sehr berühmter US-Universitäten herausgearbeitet.[123] Sie haben anhand unzähliger Meinungsumfragen überprüft, ob das, was in Washington in Gesetzbücher geschrieben wird, auch das ist, was die Mehrheit der US-Bürger möchte. Ergebnis: Die Übereinstimmung zwischen dem, was die US-Bürger mehrheitlich wollten, und dem, was in Washington als Gesetze beschlossen wurde, betrug laut der Studie 0 (in Worten: null) Prozent. Dieser Studie zufolge sind die USA also keine Demokratie, sondern eine Oligarchie. Der breiten Öffentlichkeit aber wird das Gegenteil vorgegaukelt.

Vermutlich haben Sie von dieser Studie noch nie etwas gehört, denn die Medien haben darüber praktisch nicht berichtet, sondern schweigen in der Regel, wenn es um Kritik am System geht. Kein Wunder: Sie werden ja von den Oligarchen, die von dem System profitieren, bezahlt oder gehören ihnen sogar.

Wenn von »westlichen Demokratien« die Rede ist, dann muss man wissen, dass damit vor allem eines gemeint ist: Einige wenige Oligarchen setzen ihre Ziele um und lassen sich das von den Regierungen sogar noch bezahlen.

Wikipedia

Als ich 2015 mein Buch über die Ukrainekrise geschrieben habe, habe ich viel mit *Wikipedia* gearbeitet. Dass *Wikipedia* keine wissenschaftliche Quelle ist, war mir klar, doch es gab dort viele Artikel über den Maidan, die Ukrainekrise, die Krim und so weiter. Interessant dabei war, zu beobachten, wie sich *Wikipedia* je nach Sprache unterscheidet, denn ich habe *Wikipedia*-Artikel auf Deutsch, Englisch, Russisch und Ukrainisch analysiert.

Man muss wissen, dass es in jeder Sprache eine eigene *Wikipedia*-»Redaktion« gibt, die Artikel sind also sehr unterschiedlich, je nachdem, in welcher Sprache man sie liest. Und das war bei der Arbeit an meinem Ukraine-Buch sehr lehrreich, denn ich konnte sehen, dass in den deutschen *Wikipedia*-Artikeln einerseits viele Unwahrheiten standen und andererseits viele Informationen fehlten.

Dennoch war *Wikipedia* – ungewollt – sehr hilfreich, denn ich lernte, nichts zu glauben, was in den Artikeln steht, sondern immer die angegebenen Quellen zu lesen. Und siehe da: In der deutschen Version stieß ich auf eine besondere Dreistigkeit, denn in den dortigen Quellen stand teilweise das Gegenteil von dem, was in dem *Wikipedia*-Artikel selbst behauptet wurde.

Mir wurde klar, dass die deutsche *Wikipedia* nicht objektiv über Ereignisse berichtet, sondern sie nach Lesart der transatlantischen Narrative darstellt, auch wenn dafür die Wahrheit stark verbogen werden muss. Etwas später stieß ich auf die Doku *Die dunkle Seite der Wikipedia* von Markus Fiedler, der dazu angeregt worden war, diesen Film zu drehen, nachdem er auf den *Wikipedia*-Beitrag über Dr. Daniele Ganser gestoßen war. Ganser geht in seinen Vorträgen zu verschiedenen Themen sehr korrekt vor und nennt immer seine

Quellen; was er erzählt, ist also nachprüfbar. Aber er stellt unbequeme Fragen zu 9/11, zu den Kriegen der NATO und zu der Berichterstattung der Medien über diese Themen.

Folglich wird Ganser auf *Wikipedia*-Artikeln als »Verschwörungstheoretiker« bezeichnet und sogar in die Nähe von Holocaustleugnern gestellt, und wer das ändern möchte, der wird bei *Wikipedia* kommentarlos auf Lebenszeit gesperrt. Das war Fiedler aufgefallen, und daher hat er zu recherchieren angefangen. Das Ergebnis war der Film, in dem er aufdeckt, wie *Wikipedia* in Deutschland funktioniert und wer dort das Narrativ vorgibt.

Heute macht Fiedler zusammen mit Dirk Pohlmann die Sendereihe »Neues aus Wikihausen«,[124] in der sie *Wikipedia* fortlaufend analysieren. Dabei hat sich herausgestellt, dass das, was sich bei der deutschen *Wikipedia* abspielt, ein internationales Phänomen ist.

Wikipedia funktioniert nach dem System, dass einige wenige User fast alle Artikel zu politisch aktuellen Themen bearbeiten und »beherrschen«. Die wichtigste Gemeinsamkeit ist, dass dabei konsequent die transatlantische und die proisraelische Linie vertreten wird und jeder, der Fakten in Artikel einarbeiten möchte, die dem widersprechen, verwarnt oder sogar gesperrt wird. Und natürlich werden in den entsprechenden Artikeln keine Änderungen zugelassen.

Dass das nicht nur auf die deutsche und englische *Wikipedia* beschränkt ist, hatte ich schon 2019 erlebt, als ich auf einer internationalen Konferenz über Pressefreiheit war. Dort hielt auch Dirk Pohlmann einen Vortrag und berichtete vor den versammelten internationalen Journalisten über seine Arbeit. Er brachte Beispiele, wie Journalisten, Kabarettisten, Autoren und so weiter, die sich gegen das *Wikipedia*-Narrativ stellen, in der deutschen *Wikipedia* systematisch verleumdet, in die »rechte Ecke« gestellt und als Spinner dargestellt werden. Für einen Kabarettisten kann das den Ruin bedeuten, denn oft weigern sich Veranstalter, jemandem einen Saal zu vermieten, wenn bei *Wikipedia* Derartiges über sie oder ihn steht.

Nach seinem Vortrag wurde Pohlmann von Dutzenden Journalisten aus verschiedenen Ländern bestürmt, denen es in ihren Ländern genauso ging: Sie wurden in den betreffenden *Wikipedia*-Artikeln verleumdet, und wenn sie etwas richtigstellen wollten, wurde das nicht zugelassen. Sie alle dachten, sie seien Einzelfälle, doch die Menschentraube, die da um Pohlmann herumstand, war der beste Beweis dafür, dass es sich dabei um systematische Arbeit handeln musste.

Wikipedia ist kein Onlinelexikon, sondern ein Instrument der transatlantischen und proisraelischen Propaganda. In dieser Funktion soll es erstens durch Desinformation und selektiv zusammengestellte Texte die öffentliche Meinung beeinflussen, denn viele *Wikipedia*-Leser glauben, sie fänden dort die Wahrheit. Aber *Wikipedia* hat noch eine zweite Funktion: Es soll Menschen, die sich gegen diese Propaganda stellen, mundtot machen, indem es sie verleumdet.

Wie das gemacht wird, können wir am Beispiel von Uwe Steimle sehen. Der beliebte Kabarettist wurde beim MDR gefeuert, weil seine angeblich rechte Einstellung Missfallen erregte. Der MDR veröffentlichte seine Begründung per Twitter:[125]

> MDR beendet Zusammenarbeit mit Uwe #Steimle: Die @mdrde-Sendereihe »Steimles Welt» wird 2020 nicht fortgesetzt. Der MDR sieht keine Basis mehr für eine vertrauensvolle Zusammenarbeit.

Steimle wurde, so konnte man es in der Begründung lesen, gefeuert, weil er dem MDR »mangelnde Staatsferne« vorgeworfen hatte. Daran kann man eindrücklich sehen, wie wenig Meinungsfreiheit in Deutschland schon 2019 wert war, und seitdem wurden die Daumenschrauben im Zuge von Covid-19 und dann dem Ukrainekrieg noch weiter angezogen.

Die »öffentlich-rechtlichen Sender« sind nun einmal staatlich und nicht privat. Sie werden von Menschen geleitet, die von den in den

Parlamenten vertretenen Parteien ernannt werden, und finanziert durch Beiträge, die per vom Staat erlassenes Gesetz zwangsweise jeder bezahlen muss, ob er diese Sender nutzt oder nicht. Da kann man wohl kaum behaupten, diese Sender seien »staatsfern«. Ganz im Gegenteil.

Ein weiterer Vorwurf gegen Steimle lautete, dass er in einem Interview gesagt hatte, Deutschland sei »ein besetztes Land«.[126] Im *Spiegel* klang die Zusammenfassung der Vorwürfe so:[127]

> Der sächsische Komiker ist wegen seiner politisch kontroversen Äußerungen seit Langem umstritten. In dem von Jacobi angesprochenen Interview mit der Wochenzeitung »Junge Freiheit« hatte der 56-Jährige Deutschland als »besetztes Land« bezeichnet und einen staatsfernen Rundfunk bestritten. Im vergangenen Juni ließ sich Steimle mit einem »Kraft durch Freunde«-Shirt fotografieren – eine Anspielung auf die nationalsozialistische Freizeitorganisation.

Dieses T-Shirt war keineswegs eine Anspielung auf die nationalsozialistische Freizeitorganisation, wie der *Spiegel* seinen Lesern weismachen wollte. Der Satz ist über 40 Jahre alt und eine eindeutige Kritik an nationalsozialistischen Ideen. Schon in den 1970er-Jahren hat der Kabarettist Werner Fink eine Platte mit dem Titel *Kraft durch Freunde* herausgebracht. Und Fink steht als ehemaliger KZ-Häftling nicht in dem Verdacht, mit nationalsozialistischen Ideen zu sympathisieren. Aber das mussten *Spiegel*-Leser nicht wissen, denn die sollten Steimle für stramm rechts halten, obwohl Steimle sich in einem Brief deutlich erklärt hat.[128]

Doch zurück zu den anderen Äußerungen von Steimle, auf die sich der *Spiegel* in seinem Kündigungsschreiben bezog. Steimle hat seine Meinung stets offen geäußert, sowohl in seiner Funktion als Kabarettist als auch als Privatmann in Interviews. Doch das war in Deutschland bereits 2019 ausreichend, um den Job zu verlieren. Wie war das noch mit der Meinungsfreiheit, die in Deutschland angeblich garantiert ist?

Man muss Steimle weder zustimmen noch ihn mögen, aber er hat ein Recht auf seine Meinung. Und im Grunde hat der MDR Steimles Vorwürfe »mangelnder Staatsferne« durch die Kündigung selbst bestätigt: Wer nicht der Meinung des Senders ist, der über eine Zwangsabgabe durch den Staat finanziert und dessen Leitung von der Politik ernannt wird, der fliegt raus.

Aber man konnte im *Spiegel* auch lesen, dass die Sache insofern eine Vorgeschichte hatte, als Steimle schon »seit Langem umstritten« war. Und da wird es interessant, denn *Wikipedia* kommt ins Spiel.

Der *Wikipedia*-Artikel über Steimle war bis Juni 2015 sachlich. Er berichtete von Steimles Wirken und den Preisen, die er gewonnen hatte. Am 11. Juni 2015 trug jemand dann Folgendes ein:[129]

> Steimle erklärte bei seinem zweiten Auftritt bei der WDR-Kabarettsendung Mitternachtsspitzen im Mai 2015: »Wieso zetteln die Amerikaner und Israelis Kriege an und wir Deutsche dürfen den Scheiß bezahlen?« Dies dechiffrierte Jan-Philipp Hein für den SHZ dahingehend, dass die Juden mal wieder die Welt in Brand setzen würden, dabei die US-Regierung kontrollieren und die Mittel dafür den Deutschen abpressen, in dem sie aus deren schlechtem Gewissen bezüglich des Holocaust seit Jahrzehnten bekanntlich Profit schlagen. Hein wertete dies als Beleg dafür, dass antisemitische Ressentiments im deutschen Fernsehkabarett als Humor getarnt weiterleben.

Wenn man weiß, dass Steimle ein Linker und Unterstützer der Friedensbewegung ist, der sogar von der Partei Die Linke einst zur Bundesversammlung eingeladen wurde, um den Bundespräsidenten zu wählen, dann werden diese Vorwürfe lächerlich. Aber sie standen nun auf *Wikipedia,* und damit begann der Streit um Steimle. Man müsste mal recherchieren, was zuerst da war: Diese *Wikipedia*-Verleumdung oder der Aufruhr um Steimle und seine im Kabarett gemachten Äußerungen. Was war hier Huhn und was das Ei?

Wer sich die Versionsgeschichte von Steimles *Wikipedia*-Artikel anschaut, der stellt fest, dass dieser von einem User namens Feliks regelrecht gekapert wurde. Feliks hat am 11. Juni 2015 diesen Eintrag gemacht und von da an Hunderte weitere Änderungen in den Artikel geschrieben, und wer in der heutigen Version die Rubrik »Kontroversen um Steimle« liest, der bekommt den Eindruck, man habe es mit dem Teufel persönlich zu tun.

Aber das alles hatte mit diesem einen Eintrag begonnen, zu dem eine humoristische Äußerung Steimles in seiner Kabarettsendung den Anlass gegeben hatte, über die irgendein kleiner Reporter (Jan-Philipp Hein) einen Artikel schrieb, in dem er Steimle Antisemitismus vorwarf. Wobei: Es war kein Artikel, sondern eine Kolumne. Sie erschien unter der Überschrift »Darf Satire wirklich alles? – Fernsehkabarett – Da wo der Antisemitismus blüht«, und in einer Kolumne darf der Autor einfach »unverblümt« seine Meinung mitteilen, Fakten sind dort nicht notwendig.[130] Es war also nur die Meinungsäußerung irgendeines Schreiberlings, die nun zur Grundlage dafür wurde, dass Steimle systematisch auf *Wikipedia* verleumdet wurde.

Zwischenfrage: Was hat die Meinungsäußerung irgendeines Schreiberlings in einem Lexikon zu suchen? Ein Lexikon zeigt Fakten, keine Meinungen, und *Wikipedia* will ja angeblich ein Lexikon sein.

Der Grund für die ganze Aufregung war nur dieser eine Satz von Steimle: »Wieso zetteln die Amerikaner und Israelis Kriege an, und wir Deutsche dürfen den Scheiß bezahlen?« Und was ist an diesem Satz sachlich falsch? Es ist doch tatsächlich so, dass Deutschland für die Kriege der Israelis und der Amerikaner bezahlt. Die US-Kriege bezahlt Deutschland zumindest, indem es über eine Million Flüchtlinge aufgenommen hat, die es ohne die Kriege der USA im Nahen Osten, in Afghanistan und in Libyen nicht gegeben hätte. Und Israel wird von Deutschland kräftig unterstützt, hochmoderne und vermutlich atomwaffenfähige U-Boote wurden Israel von Deutschland teilweise sogar geschenkt.

Steimles Fehler war, dass er gegen das Mainstream-Narrativ gesprochen hat. Und das Wort »Israel« war wohl der Aufhänger. Wenn man sich nämlich fragt, wer der Autor ist, der sich hinter dem Pseudonym »Feliks« verbirgt, der den Steimle-Artikel zu über 60 Prozent bearbeitet hat, so stößt man auf Folgendes: Feliks ist bei *Wikipedia* hyperaktiv und dominiert so ziemlich alle Artikel, die mit Israel zu tun haben. Und auf der deutschen *Wikipedia*-Seite wird Israel als friedliebender Staat präsentiert, der nie gegen das Völkerrecht verstoßen würde und die Palästinenser in Freiheit und Wohlstand leben lässt. (Ein wenig überspitzende Ironie sei mir an dieser Stelle erlaubt)

Um das klar zu sagen: Hier geht es um die Politik Israels, um seine Regierung, nicht um die Menschen in diesem Land, mögen es Juden, Araber oder Zuwanderer aus der ehemaligen Sowjetunion sein. Man muss immer zwischen den Menschen und ihrer Regierung trennen. Doch für Feliks ist jemand, der die Politik Frankreichs kritisiert, nicht »antifranzösisch«, wer aber die Politik Israels kritisiert, der ist ein Antisemit, wie man auf *Wikipedia* lesen kann.

Markus Fiedler und Dirk Pohlmann haben die wahre Identität von Feliks enttarnt. Er wurde im richtigen Leben als Jörg Egerer geboren, ist zum Judentum konvertiert und hat seinen Namen in Jörg Grünewald geändert. Ja, er hat sogar als ausländischer Freiwilliger an Übungen der israelischen Armee teilgenommen. Außerdem ist er ein langjähriges Mitglied der Linkspartei und hat seine Macht als anonymer *Wikipedia*-Schreiberling auch dazu benutzt, seine Parteifreunde auf *Wikipedia* »gut«- oder eben »schlechtzuschreiben«, je nachdem, ob sie seine politischen Überzeugungen teilten oder nicht. Und wer sich in irgendeiner Form kritisch zur israelischen Politik äußert, der wird von Egerer alias Grünewald alias Feliks auf *Wikipedia* in die Nähe von Antisemitismus gerückt, so wie er es am 11. Juni 2015 mit Steimle getan hat und weiterhin tut.

Ein solcher Rufmord ist beruflich katastrophal, denn wenn man etwas über einen möglichen Bewerber, Mitarbeiter oder Geschäftspartner herausfinden will und diesen googelt, dann stößt man als Erstes auf den *Wikipedia*-Artikel über diesen Menschen, der ein Totschlagargument enthält. Doch wer will schon etwas mit einem Antisemiten zu tun haben oder ihn gar einstellen?

Und wer macht sich die Mühe, das zu überprüfen? Es steht ja im »Lexikon« und muss stimmen, sonst hätte es irgendjemand ausgetragen. *Wikipedia* ist doch angeblich so demokratisch, dass jeder einen Artikel verändern kann, wenn dort etwas Unwahres geschrieben steht. Das zumindest wird uns immer eingeredet.

Aber versuchen Sie mal, den Artikel von Steimle oder gar Dr. Daniele Ganser zu verändern. Im besten Fall werden Ihre Änderungen nur gelöscht, es kann Ihnen aber auch passieren, dass Sie bei *Wikipedia* lebenslang gesperrt werden.

Wir sehen also, dass auf *Wikipedia* Propaganda für transatlantische Positionen und für die Politik Israels gemacht wird, und am Beispiel von Uwe Steimle, dass dabei nicht nur die Meinungsfreiheit eingeschränkt wird, sondern es bis zum Rufmord geht. Wer sich in der Öffentlichkeit gegen bestimmte politische Linien stellt, der riskiert negative *Wikipedia*-Artikel, was in der Folge fast zwangsläufig zu beruflichen und gesellschaftlichen Nachteilen führt. Und da die Artikel dort von anonymen Autoren geschrieben werden, kann man sich nicht gegen sie wehren.

Es sieht übrigens so aus, als ob sich im Fall Steimle Feliks und der Kolumnist Hein abgesprochen hätten, jedenfalls sind sie über Twitter miteinander verbunden, sie könnten sich also kennen und miteinander in Kontakt stehen. Und dann stellt sich die Frage, wer von beiden die treibende Kraft war.

Jedenfalls hat sich die Sache nach dem ersten Eintrag dann hochgeschaukelt. Andere Medien sprangen auf den anfahrenden Zug auf und begannen, eine Kampagne gegen Steimle zu fahren. Das haben Fiedler und Pohlmann sehr unterhaltsam in Folge 26 von »Neues aus Wikihausen« aufgezeigt.

Interessant ist, was die Medien zu *Wikipedia* und den Missständen dort sagen. Man sollte ja meinen, dass kritische Medien darüber berichten müssten, wenn die Meinungsfreiheit derart bedroht ist und ein Meinungsmonopol wie im Falle von *Wikipedia* entsteht, das sogar für Rufmord genutzt wird. Aber was berichten die Medien denn nun? Bestenfalls, dass *Wikipedia* das Problem hat, dass dort zu viele alte, weiße Männer schreiben und zu wenig Frauen.

Interessant ist ein *Spiegel*-Interview mit dem *Wikipedia*-Gründer Jimmy Wales, in dem dieser gefragt wurde, wie *Wikipedia* gegen Manipulationsversuche vorgehe:[131]

> Wir haben bisher gute Arbeit geleistet, so etwas abzuwehren. Die Wikipedia funktioniert am besten, wenn wir eine starke Gemeinschaft haben. Leute, die sich gegenseitig kennen und ein Auge auf die Entwicklungen haben. Viele Menschen meinen, es wäre einfach, die Wikipedia zu manipulieren, weil jeder sich beteiligen kann. In der Realität ist es aber deutlich schwerer.

Das war vielsagend, denn genau das ist das Problem: *Wikipedia* ist keineswegs demokratisch, sondern wird von einer kleinen Anzahl von Leuten beherrscht, »die sich gegenseitig kennen und ein Auge auf die Entwicklungen haben«. Genau so läuft es, und das ist das Gegenteil von demokratisch.

In der deutschen *Wikipedia*-Version kann man auf den Diskussionsseiten sehen, dass User diese Gruppe das »Politbüro« nennen, weil sie eben nur das durchgehen lassen, was ihrer politischen

Agenda entspricht und alles andere löschen, ja User sogar lebenslang sperren, wenn sie nicht folgsam sind.

Aber der »kritische« *Spiegel* hat nach der Antwort von *Wikipedia*-Gründer Wales nicht nachgehakt, wie sich eine solche Vorgehensweise mit den angeblichen demokratischen Regeln von *Wikipedia* verträgt. So sieht »Qualitätsjournalismus« in Deutschland aus!

Ein weiteres Beispiel dafür, wie *Wikipedia* funktioniert: In Israel gab es das sogenannte Camp 1391, das in der deutschen *Wikipedia* allerdings nichts als »Lager« bezeichnet wird, sondern als »Anlage 1391«. Das klingt netter als »Lager 1391«. Dieses Lager war streng geheim, auf Luftaufnahmen wurde es sogar herausretuschiert, und es ist nicht genau bekannt, seit wann das Lager besteht. Bekannt ist lediglich, dass es bereits 1985 genutzt wurde, um ausländische Gefangene zu internieren und zu verhören. Da das Lager geheim war, sind die Gefangenen dort einfach verschwunden. Niemand, nicht die Angehörigen, nicht das Rote Kreuz und keine Anwälte, wusste, wo die Gefangenen waren oder ob sie überhaupt noch am Leben waren.

Viele Gefangene waren – oft jahrelang – einfach fort, ganz so, wie wir es aus den schlimmsten Zeiten südamerikanischer Militärdiktaturen kennen. Und auch die Gefangenen selbst wussten nicht, wo sie sich befanden. Wenn sie danach fragten, war die Antwort zum Beispiel »auf dem Mond«.

Die Haftbedingungen waren schrecklich. Die Zellen waren teilweise nur 2 mal 2 Meter groß, sie hatten keine Toiletten oder Waschbecken und waren komplett schwarz gestrichen. Auf diese Weise konnten die Gefangenen in kompletter Dunkelheit gehalten werden. Schlafentzug war normal, Gefangene berichteten, man habe ihnen oft über lange Zeit täglich nicht mehr als 2 Stunden Schlaf erlaubt.

Und in diesem Gefängnis wurde massiv gefoltert. Neben Isolationshaft und Schlafentzug wurden die Gefangenen bei Verhören geschlagen und anal vergewaltigt – wahlweise von Soldaten oder mit Holzstöcken.

2002 reichte eine Menschenrechtsorganisation Klage in Israel ein, um herauszufinden, wo bestimmte Palästinenser gefangen gehalten wurden. Dabei wurde zwar die Existenz des Lagers bekannt, aber das Gericht verweigerte die Bekanntgabe des Standorts, lediglich eine Liste der Gefangenen sollten die Behörden herausgeben. Der Standort wurde erst bekannt, als ein Historiker beim Vergleich von Luftbildern 2004 feststellte, dass eine alte Polizeistation aus der Kolonialzeit auf modernen Luftaufnahmen wegretuschiert worden war.

Auch die Presse hat das Thema 2003 aufgegriffen, zumindest ein bisschen. Im Zuge der Klage von 2002 wurde ein israelischer Offizier unter dem Namen »George« bekannt, der der schlimmste »Verhörspezialist« gewesen sein soll. Als es um eine Strafe für sein Verhalten ging, meldeten sich andere Soldaten zu Wort und beschwerten sich im Voraus über eine eventuelle Strafandrohung, denn sie hätten ja nur auf Anweisung gehandelt. Die britische Zeitschrift *The Guardian* schrieb im November 2003 einen sehr langen Artikel unter der Überschrift »Facility 1391: Israel's secret prison« (Facility [Einrichtung] 1391: Israels Geheimgefängnis). Darin stand unter anderem zu lesen:[132]

> Die Facility 1391 wurde aus israelischen Luftaufnahmen entfernt und von modernen Karten gelöscht. Wo einst eine Polizeistation eingezeichnet war, ist heute eine leere Stelle. Manchmal ist sogar die Zufahrtsstraße verschwunden. Doch Israels Geheimgefängnis an einem Geheimdienststützpunkt nahe der Hauptstraße zwischen Hadera und Afula im Norden Israels ist real. Es befindet sich seit über 20 Jahren in einem weiträumigen, imposanten einstöckigen Gebäude, das in den 1930er-Jahren vom britischen Ingenieur Sir Charles Taggart als eines von mehreren Garnisonsforts zur Eindämmung der wachsenden Unruhen in Palästina entworfen wurde. Heute sind die dicken Betonmauern und Eisentore selbst durch einen

doppelten Zaun geschützt, der von Wachtürmen und Kampfhunden bewacht wird.

[…]

Diejenigen, die die Tore [dieses Gefängnisses] durchschritten haben, wissen dass es keine Illusion ist. Ein ehemaliger Häftling hat eine Klage eingereicht, in der er behauptet, er sei während des Verhörs zweimal vergewaltigt worden – einmal von einem Mann und einmal mit einem Stock. Die meisten von denen, die sich nun zu Wort melden, sagen jedoch, die eigentliche Folter sei die psychische Belastung durch die Einzelhaft in schmutzigen, geschwärzten Zellen, die so schlecht beleuchtet sind, dass die Insassen kaum ihre eigenen Hände sehen können und keine Ahnung haben, wo sie sich befinden oder, in vielen Fällen, warum sie dort sind.

»Unsere wichtigste Schlussfolgerung ist, dass es existiert, um Folter zu ermöglichen – eine besondere Art von Folter, die fortschreitende Angst, Abhängigkeit und Schwäche erzeugt«, sagt Manal Hazzan, eine Menschenrechtsanwältin, die die Existenz des Gefängnisses aufgedeckt hat. »Das Gesetz gibt der Armee bereits genügend Befugnisse, Gefangene zu verstecken. Wozu also eine geheime Einrichtung?«

Anders als bei jedem anderen israelischen Gefängnis wurde dem Internationalen Roten Kreuz, Anwälten und Abgeordneten der Zugang verwehrt. Die linke Abgeordnete Zahava Gal-On bezeichnet die Facility 1391 als »ein Zeichen totalitärer Regime und der Dritten Welt«. Die israelische Regierung lehnt es ab, über das Geheimgefängnis zu sprechen, und gibt lediglich eine Standardantwort: »Die Facility 1391 befindet sich auf einem geheimen Militärstützpunkt. Der Stützpunkt wird von den

> Sicherheitsdiensten für verschiedene geheime Aktivitäten genutzt, daher wird sein Standort vertraulich behandelt.
>
> […]
>
> Mustafa Dirani, das Hauptziel der Entführungen, war der Sicherheitschef der schiitischen Bewegung Amal […] Dirani wurde 5 Wochen lang rund um die Uhr verhört. 8 Jahre später wurde er aus der Facility 1391 entlassen, aber in ein anderes israelisches Gefängnis eingesperrt. Er reichte vor israelischen Gerichten Klage ein und behauptete, von seinen israelischen Vernehmern sodomisiert worden zu sein. In der Klage wird ein gewisser »Major George« genannt, der, so behauptet Dirani, einem Soldaten befohlen habe, ihn zu vergewaltigen. Bei einer anderen Gelegenheit beschuldigt der libanesische Gefangene den Major, ihm einen Stock in den After gestoßen zu haben. Andere ehemalige Gefangene der Facility 1391 haben beschrieben, wie ihnen die Augen verbunden, sie für das Verhör nackt ausgezogen und mit Handschellen gefesselt wurden und einen Stock gegen das Gesäß gedrückt bekamen, während ihnen mit Vergewaltigung gedroht wurde.

Strenge Strafen wurden nicht verhängt,[133] und der Standort von Lager 1391 wurde – wie erwähnt – weiterhin geheim gehalten. Obwohl zumindest französische[134] und britische[135] Zeitungen 2003 kurz über Lager 1391 berichtet haben, hielten die deutschen »Qualitätsmedien« es nicht für interessant genug, ihre Leser darüber zu informieren.

Erst, als auch das UNO-Komitee gegen Folter 2009 in einem Bericht über die Folter in Israel berichtete, war dies den deutschen Medien kurze Artikel wert. Damals konnte man im *Spiegel* lesen:[136]

> Die Uno-Experten werfen Israel vor, palästinensische Gefangene an einem geheimen Ort auf israelischem

> Staatsgebiet festzuhalten und dort Verhörmethoden anzuwenden, die gegen die Anti-Folter-Konvention der Vereinten Nationen verstoßen. Genannt werden unter anderem Schläge, Schlafentzug und das Sitzen in schmerzhaften Stellungen. Insgesamt seien laut Uno zwischen 2001 und 2006 etwa 600 Beschwerden über Misshandlungen oder Folter gegen Israel vorgebracht worden. Den Anschuldigungen sei bisher allerdings nicht nachgegangen worden. Die Uno-Experten forderten Israel daher auf, dem Internationalen Komitee vom Roten Kreuz Zugang zu der Anlage zu gewähren. Auch Anwälte und Angehörige dürften die Häftlinge in dem Geheimgefängnis bislang nicht besuchen.

Der *Spiegel* zitierte auch die Reaktion Israels:

> Israel wies die Vorwürfe zurück. Die »Anlage 1391« werde seit September 2006 nicht mehr als Haftanstalt genutzt, heißt es in einer schriftlichen Antwort. Es fänden dort auch keine Verhöre mehr statt. Die Foltervorwürfe seien von den israelischen Behörden bereits untersucht und entkräftet worden.

Die Information über die Schließung von Lager 1391 dürfte der Wahrheit entsprechen, denn es war ein Geheimgefängnis, und mit der Geheimhaltung war es ja spätestens seit 2003 nicht mehr weit her. Aber niemand hat die Frage gestellt, ob nicht einfach ein anderes Geheimgefängnis Lager 1391 ersetzt hat. Hinweise darauf gibt es.

Und damit kommen wir wieder zu *Wikipedia*.

Im Jahr 2007 wurde in der deutschen *Wikipedia* ein Artikel über Lager 1391 angelegt. Dort konnte man gegen Ende des Artikels über das Gerichtsverfahren und dessen Ergebnisse lesen: »Amtlich bestätigt wurde dabei auch eine Anlage Barak; vermutet wird eine Weitere bei Tel Aviv namens Sarafend.«[137] Aber über diese Lager ist nichts bekannt, zumindest konnte ich dazu nichts finden.

Diese erste Version des *Wikipedia*-Artikels über Lager 1391 enthielt noch Folgendes:

> Danach ist den Inhaftierten, die zu 68 % der Folter unterzogen werden, der Zugang zu Anwälten und das Wissen um den Ort des Aufenthalts verwehrt, Familienkontakt nur selten möglich. Es gibt fensterlose Isolationshaft in kleinen Zellen mit Dauerbeleuchtung, was als mentale Folter gilt und zum DDD-Syndrom führt.

Später fanden sich diese Formulierungen in dem Artikel unter der Überschrift »Menschenrechtsverletzungen«. Und so lebte dieser Beitrag ein beschauliches Leben, das am 15. Juni 2017 ein jähes Ende fand. Denn an diesem Tag nahm sich der User Feliks den Artikel vor.

Der Abschnitt »Menschenrechtsverletzungen« verschwand aus dem *Wikipedia*-Artikel und auch die vielen anderen hässlichen Begriffe. Nachdem Feliks den Artikel am 15. Juni 2017 insgesamt 14-mal verändert hatte, war alles Kritische aus dem Artikel getilgt.[138]

In der Folgezeit wurde Feliks zum Hauptautor dieses Artikels und hatte ein Jahr später über 60 Prozent aller Bearbeitungen durchgeführt. Das wiederum endete im September 2018 abrupt, als Fiedler und Pohlmann bekannt gaben, dessen Identität aufgedeckt zu haben. Feliks musste nun befürchten, wegen seiner teils nicht statthaften Artikeländerungen und insbesondere wegen seiner Verleumdungen von Menschen, die gegenüber Israel kritisch waren oder denen er bei innerparteilichen Kämpfen in der Partei Die Linke durch verleumderische *Wikipedia*-Einträge geschadet hatte, juristisch belangt zu werden. Er hatte nämlich seine Macht als anonymer *Wikipedia*-Schreiberling ausgenutzt, um viele Menschen, deren politische Einstellung ihm nicht gefiel, in die Nähe von Antisemitismus zu rücken. Es handelte sich um Rufmordkampagnen.

Feliks prozessierte gegen Pohlmann und Fiedler, weil diese seine Identität öffentlich gemacht hatten, hat den Prozess aber verloren.

Seitdem Feliks den Artikel nicht mehr bearbeitet, ist nahtlos ein anderer *Wikipedia*-User namens Hvd69 eingesprungen. Nun findet sich in dem Artikel zwar die Überschrift »Foltervorwürfe«, das Kapitel geht aber nur in sehr allgemein gehaltenen Formulierungen auf die Vorgänge in Lager 1391 ein. Der deutsche Leser soll möglichst keine Details erfahren.

Fassen wir das zusammen: In Israel gab es mindestens ein Foltergefängnis, in dem Gefangene für Jahre verschwunden sind, ohne dass Anwälte, Angehörige, Hilfsorganisationen und so weiter auch nur wussten, wo sie waren und ob sie noch lebten. In dem erwähnten Gerichtsverfahren kam ans Licht, dass dort 68 Prozent der Häftlinge gefoltert wurden, das heißt zusätzlich zu den Haftbedingungen, die für sich selbst genommen bereits Folter darstellten. Das Lager wurde dann geschlossen, aber niemand hält es für nötig, der Frage nachzugehen, ob es nicht nur durch ein anderes Lager ersetzt wurde. Hinweise dafür gibt es reichlich. Nicht einmal Israel selbst hat explizit behauptet, die Praxis von Geheimgefängnissen eingestellt zu haben, sondern nur mitgeteilt, dass Lager 1391 im Jahr 2006 geschlossen wurde.

Dabei wäre es doch die Aufgabe der Medien, Nachforschungen anzustellen und bohrende Fragen zu stellen. doch wie wir an dem *Spiegel*-Artikel von 2009 sehen konnten, gab es in den deutschen »Qualitätsmedien« nicht einmal ernst zu nehmende Berichte über das Lager 1391. Und *Wikipedia* – das angeblich demokratische Onlinelexikon – lässt es zu, dass jemand den Artikel über das Lager so bearbeitet, dass es möglichst harmlos aussieht, und verhindert alle kritischen Korrekturen.

Ein weiteres Beispiel dafür, wie *Wikipedia* alles verschleiert und verschweigt, was den politischen Narrativen des Westens widerspricht, ist das Thema Gladio.

Gladio war der Codename für NATO-Strukturen im Kalten Krieg, wohinter die Idee stand, dass im Falle eines Krieges die Sowjettruppen in Westeuropa einfallen würden. Für diesen Fall wurden sogenannte »Stay-Behind-Armeen« aufgebaut, die gegebenenfalls als Partisanen gegen die Sowjettruppen aktiv werden sollten. Die gab es in jedem NATO-Land in Europa, aber auch zum Beispiel in der Schweiz, die gar nicht zur NATO gehörte. Und – so viel sei vorweggenommen – es dürfte sie immer noch geben, denn Gladio wurde von offizieller Seite nie aufgeklärt, und es wurde auch nie bekannt gemacht, dass die entsprechenden Strukturen aufgelöst worden sind.

Diese autonom arbeitenden Einheiten waren gut ausgerüstet. Sie hatten Waffen, Kommunikationstechnik sowie Geld und Gold, das an unzugänglichen Stellen in Wäldern für Tag X versteckt war. In jedem Land hatten diese Strukturen einen eigenen Namen. In Italien, wo die Sache ans Licht gekommen ist, hieß sie Gladio, was heute auch als Sanmelbegriff für die Stay-Behind-Armeen benutzt wird.

Das Problem war (und ist), dass diese Armeen jenseits des Gesetzes und der parlamentarischen Kontrolle arbeiteten. Die Parlamente waren nicht eingeweiht, oft nicht einmal die jeweiligen Regierungen. Als das Ganze 1990 öffentlich wurde, soll der belgische Verteidigungsminister seinen Generalstab entgeistert gefragt haben, ob es so etwas auch in Belgien gebe, und, als das bestätigt wurde, weiter gefragt haben, warum er als Verteidigungsminister darüber nicht informiert worden sei. Die bestechende Antwort soll gelautet haben: »Ihr Minister wechselt ja sofort, da können wir Euch nicht alles erzählen.«

An die Öffentlichkeit gelangt ist die Sache in Italien, was daran liegt, dass Italien eines der ganz wenigen Länder ist, in denen Staatsanwälte nicht weisungsgebunden sind. Sie können, wenn sie in einem Fall ermitteln wollen, nur gestoppt werden, indem man sie tötet, was vor allem in den 1980er-Jahren immer wieder für Schlagzeilen sorgte, wenn italienische Ermittler ermordet wurden, die zu Verbindungen zwischen der Mafia und der italienischen Regierung ermittelt hatten.

In Deutschland hingegen entscheidet die Politik ganz legal darüber, in welchen Fällen Staatsanwälte ermitteln dürfen und in welchen nicht. Was wie eine böse Verschwörungstheorie klingt, ist in Deutschland Gesetz, und das hat sogar der Europäische Gerichtshof am 27. Mai 2019 unter den Aktenzeichen C-508/18; C-82/19; C-509/18[139] in einem Urteil gerügt. Seitdem dürfen deutsche Staatsanwälte keine europäischen Haftbefehle mehr ausstellen, weil ihre Unabhängigkeit von der Politik nicht gegeben ist. Das dürfen seit diesem Urteil nur noch Richter.

In Italien ist das jedoch anders, und so ist es einem hartnäckigen Staatsanwalt in Italien (dort heißen sie »Ermittlungsrichter«) gelungen, den ehemaligen italienischen Premierminister Andreotti vor Gericht zu bringen. Der gab dann öffentlich zu, dass Gladio existierte. Und nicht nur das. Es stellte sich heraus, dass Gladio in Italien Terroranschläge verübt hatte (darunter den schwersten Terroranschlag in Italiens Geschichte auf dem Bahnhof in Bologna mit fast hundert Toten), die danach den Roten Brigaden in die Schuhe geschoben wurden.

Dahinter stand der Wille, zu verhindern, dass die von den USA gehassten Kommunisten die Wahlen gewinnen und an die Macht kommen. Die Öffentlichkeit sollte durch die angeblich von kommunistischen Terroristen verübten Anschläge so beeinflusst werden, dass sie ihr Kreuz an der richtigen Stelle machte, also bei den Parteien, die treu zur USA standen. Ernsthaft bestraft wurde niemand. Doch es ist keineswegs ungewöhnlich, dass Staatsterrorismus in Europa nicht geahndet wird.

Auch in Deutschland ist es nicht ungewöhnlich, dass staatliche Stellen Terroranschläge verüben und sie dann anderen in die Schuhe schieben. So war beispielsweise das Celler Loch als Terroranschlag der RAF hingestellt worden, und ein paar Jahre später stellte sich heraus, dass nicht die RAF, sondern der Verfassungsschutz hinter dem Bombenanschlag gesteckt hatte. Es gab zwar einen Untersuchungsausschuss in Niedersachsen, aber bestraft wurde für den vom deutschen Staat in Deutschland verübten Bombenanschlag am Ende niemand.

Die angeblich von der Regierung unabhängigen deutschen Medien haben das Thema mal wieder möglichst kleingehalten und schnell wieder vergessen, anstatt nachzubohren und eine Bestrafung der Verantwortlichen zu fordern, die gegen deutsche Gesetze verstoßen und in Deutschland einen Terroranschlag verübt hatten.

Aber zurück zu Gladio. Auch das Europaparlament hat sich damals mit Gladio beschäftigt und im Dezember 1990 in einer Resolution gefordert, dass Gladio in allen EU-Staaten von Untersuchungsausschüssen aufgearbeitet werden solle. Aber wen interessiert in den EU-Staaten schon, was das EU-Parlament beschließt?

Der Aufschrei in Europa blieb aus. Die Medien berichteten erstaunlich wenig, sie waren zu dieser Zeit mit der Wende, dem Zusammenbruch des Ostblocks, der deutschen Wiedervereinigung und so weiter beschäftigt. Gladio ließen sie unter den Tisch fallen.

In Deutschland war damals der Wahlkampf 1990 im Gange, und in der SPD soll es ein paar Schlaumeier gegeben haben, die den Skandal in die Medien bringen und gegen die regierende CDU nutzen wollten. Ihnen wurde jedoch schnell klargemacht, dass das nach hinten losgehen würde, weil es Gladio auch schon unter den SPD-Kanzlern Brandt und Schmidt gegeben hatte.

Die einzige Partei in Deutschland, die das Ganze thematisieren und sogar einen Untersuchungsausschuss einrichten wollte, waren die Grünen, die damals noch eine ganz andere Partei als heute waren. Sie waren noch nicht oliv-grün, sondern pazifistisch und für einen NATO-Austritt, was heute für die Grünen, die nun zu 150 Prozent transatlantisch sind, völlig undenkbar ist. Aber die anderen Parteien verhinderten den Untersuchungsausschuss, und die Grünen flogen bei der Wahl 1990 für 4 Jahre aus dem Bundestag.

Danach war der Kalte Krieg ohnehin vorbei, und Gladio geriet schnell wieder in Vergessenheit. Erst nachdem Daniele Ganser, dessen *Wikipedia*-Artikel man nicht verändern darf, 2005 seine Doktorarbeit über das Thema geschrieben hatte, gelangte die Angelegenheit wieder in die Öffentlichkeit. Allerdings nicht mit dem Ruf nach Aufklärung, sondern weil Ganser angeblich ein »Verschwörungstheoretiker« war.

Dabei wurde seine Doktorarbeit nie infrage gestellt und der Doktortitel ihm nie aberkannt. Doch davon wird abgelenkt, indem irgendwelche »Experten« zitiert werden, die seine Arbeit anzweifeln. Das steht ihnen frei, aber wenn Dr. Ganser unsauber gearbeitet hätte, müsste man ihm den Doktortitel aberkennen. Entscheidend ist, dass das nie geschehen ist.

Und hier kommen wir zu *Wikipedias* Rolle in dem Ganzen.

Der *Wikipedia*-Artikel über Gladio hat eine ausgesprochen lange Historie, er wurde etwa 1000-mal verändert. Der erste wurde im Dezember 2004, also noch vor der Veröffentlichung von Gansers Doktorarbeit, verfasst. Hierin stand unter anderem Folgendes:[140]

> Eine öffentliche Aufarbeitung fand nirgendwo bisher statt, obwohl einzelne Waffen und Sprengmittel aus solchen Depots bei Attentaten und Anschlägen, gerade auch in Italien, auffielen. Danach wurden auch in der BRD und im damals sich neutral gebenden Österreich geheime Waffenverstecke aufgedeckt, aber bis heute weder medial, juristisch oder sonst wie aufgearbeitet. Italiens bekanntes »Gesetz des Schweigens« (Omerta) greift länder- und themenübergreifend und zuverlässig.

2007 konnte man auf *Wikipedia* über Gladio dann lesen:[141]

> 1990 deckte der italienische Untersuchungsrichter Felice Casson nach Recherchen in den Archiven des Militärgeheimdienstes SISMI die Existenz von Gladio auf. Er konnte beweisen, dass Mitglieder des italienischen Militärgeheimdienstes SISMI, Neofaschisten und Teile des Gladio-Netzwerks von den 1960ern bis in die 1980er

> Jahre zahlreiche politisch motivierte Terroranschläge und Morde in Italien begangen hatten. Dabei hatte ein Netzwerk geheimdienstlicher Stellen durch Verbreitung von Falschinformationen und Fälschung von Beweisen dafür gesorgt, dass die Verbrechen linksextremen Terroristen zugeordnet wurden, vor allem den Roten Brigaden. Die Vorgehensweise zielte auf die Diskreditierung der in Italien traditionell starken Kommunistischen Partei (KPI) und wurde als Strategie der Spannung bekannt. Eine bis heute nicht vollständig aufgeklärte Rolle spielte dabei auch die Geheimloge Propaganda Due unter Licio Gelli. Der italienische Ministerpräsident Giulio Andreotti gab unter dem Druck der nachfolgenden parlamentarischen Untersuchung an, dass Gladio auch in zahlreichen anderen europäischen Ländern existierte, was einen europaweiten politischen Skandal auslöste. Dies führte zu parlamentarischen Anfragen in mehreren Ländern. In Italien, Belgien und der Schweiz kam es zu Untersuchungskommissionen. Das Europaparlament drückte nach einer Debatte am 22. November 1990 seinen scharfen Protest gegenüber der NATO und den beteiligten Geheimdiensten aus.

Im März 2014 wurde der Gladio-Artikel sehr lang und detailliert, und es lohnt sich, einen Blick in diese Version zu werfen, und zwar aus dem folgenden Grund: Am 27. März 2014 kaperte der hyperaktive *Wikipedia*-Autor Kopilot den Artikel, und es begann das, was man bei *Wikipedia* einen »Edit-War« nennt, also ein Kampf um den Artikel und seinen Inhalt. Der bei *Wikipedia* bestens vernetzte Kopilot gewann diesen Kampf wenig überraschend in wenigen Tagen. Und bereits am 1. April 2014 gab es eine stark gekürzte Fassung. Ein

Vergleich der Versionen von vorher und nachher, also vom 24. März 2014[142] und 1. April 2014,[143] spricht Bände.

Der Artikel war sehr entschärft worden. Kopilot wollte nicht, dass die deutschen Leser allzu viel über Gladio, dessen Verbindungen zu CIA und Nato, über Staatsterrorismus und so weiter erfuhren.

Im Unterschied zu *Wikipedia*-Autor Feliks, der den Nahost-Konflikt im Sinne der Politik Israels bearbeitet, ist das Steckenpferd von Kopilot das transatlantische Bündnis. Alles, was die NATO oder die USA in ein schlechtes Licht rücken könnte, entfernt er sofort. Er herrscht über eine Unzahl an Artikeln zu diesem Thema, und wer allzu penetrant versucht, dort vom Narrativ abweichende Informationen einzustellen, riskiert eine lebenslange *Wikipedia*-Sperre.

Ganz offensichtlich wird *Wikipedia* hier als Propagandainstrument missbraucht und soll den (deutschen) Lesern verheimlichen, dass die NATO und die CIA mit dem willigen Instrument Gladio Terroranschläge und politische Morde in Europa verübt haben. Am Gladio-Artikel sieht man auch mal wieder, dass *Wikipedia* eben kein demokratisches Onlinelexikon ist, sondern wie eine Art »Politbüro« entscheidet, was in den Artikeln als einzig gültige Wahrheit zu stehen hat. Das zeigt das Ergebnis des »Edit-Wars« deutlich. Die Gegner von Kopilot hatten keine Chance.

Wer sich für das Ergebnis der Veränderungen des *Wikipedia*-Artikels über Gladio interessiert, der sollte sich den aktuellen einmal anschauen und ihn mit jener Version vergleichen, die dort zu lesen war, bevor Kopilot sich den Artikel vornahm. Schon ein Blick auf die beiden Inhaltsverzeichnisse zeigt plakativ, was geschehen ist.

Quelle: Screenshot *https://de.wikipedia.org/wiki/Gladio* (»Versionsgeschichte«)

In den USA hat die Journalistin Helen Buyniski dieselbe Arbeit gemacht wie Fiedler und Pohlmann und ist zu den gleichen Ergebnissen gekommen.

Helen Buyniskis Recherchen deuten darauf hin, dass die Rolle Israels und seiner Geheimdienste bei *Wikipedia* noch viel größer ist, als man bisher ahnte. So wird zum Beispiel die israelische Wikimedia Foundation, also das »juristische Dach« von *Wikipedia,* von einem Mann geleitet, der vorher für eine Abgeordnete der Knesset gearbeitet hat, die Mossad-Mitarbeiterin war. Und viele Dinge, die später in der weltweiten *Wikipedia* genutzt wurden, wurden zuerst in Israel ausprobiert, zum Beispiel eine Zusammenarbeit von *Wikipedia* mit TV-Sendern.

Übrigens hat auch die Wikimedia Foundation in Kalifornien, quasi die oberste Instanz von *Wikipedia*, Geheimdienst-Verbindungen. Und es wird nicht einmal ernsthaft versucht, diese Verbindungen geheim zu halten. Der *Wikipedia*-Mitgründer Jimmy Wales sitzt zum Beispiel im Beirat der Firma NewsGuard, die es sich zur Aufgabe gemacht hat, der Welt zu erklären, welche Medien zuverlässige Quellen sind und welche nicht. Dort befindet Wales sich in Gesellschaft von ehemaligen Geheimdienstlern, wobei jeder, der sich mit der Materie auskennt, weiß, dass es per Definition keine »ehemaligen« Geheimdienstler gibt.

Und es sind nicht einfache Mitarbeiter von Geheimdiensten, sondern Leute wie General a. D. Michael Hayden, der ehemalige Direktor der CIA und der NSA, der vor allem dadurch bekannt wurde, dass er zur Jagd auf Edward Snowden geblasen hat.

Da es nur einige wenige Schreiberlinge sind, die für den größten Teil aller politisch brisanten Artikel »zuständig« sind und niemanden an den gewollten Narrativen etwas ändern lassen, stellt sich die Frage, ob sie dafür bezahlt werden.

Fiedler und Pohlmann haben die Identitäten vieler dieser unter Pseudonym arbeitenden Heckenschützen im Informationskrieg aufgedeckt und herausgefunden, dass es sich um hyperaktive Schreiber handelt, die oft jeden Tag (auch an Wochenenden und Feiertagen) rund um die Uhr für *Wikipedia* schreiben. Selbst wenn das alles Arbeitslose ohne soziale Kontakte sind, müssen wir annehmen, dass auch solche Leute ab und zu mal Schlaf brauchen.

Daraus ergeben sich für mich zwei Fragen: Erstens werden sie dafür bezahlt, praktisch Vollzeit und ohne freie Tage für *Wikipedia* zu schreiben – und wenn ja, von wem? Zweitens verbergen sich hinter einem Pseudonym vielleicht ganze Autorengruppen und nicht nur einzelne Schreiberlinge?

Buyniski fand zum Beispiel heraus, dass über den Internetzugang eines hyperaktiven britischen *Wikipedia*-Autoren mehrere *Wikipedia*-

Autoren geschrieben haben. Es besteht also der Verdacht, dass viele der angeblichen *Wikipedia*-Autoren in Wahrheit nicht einzelne Autoren sind, sondern Gruppen, die von irgendwem finanziert werden müssten.

Hier hilft uns die russische *Wikipedia*-Version weiter. Auf *Wikipedia* kann man nämlich Statistiken einsehen, und eine besonders interessante Statistik gibt Antworten darauf, wer die russischen *Wikipedia*-Artikel schreibt.[144]

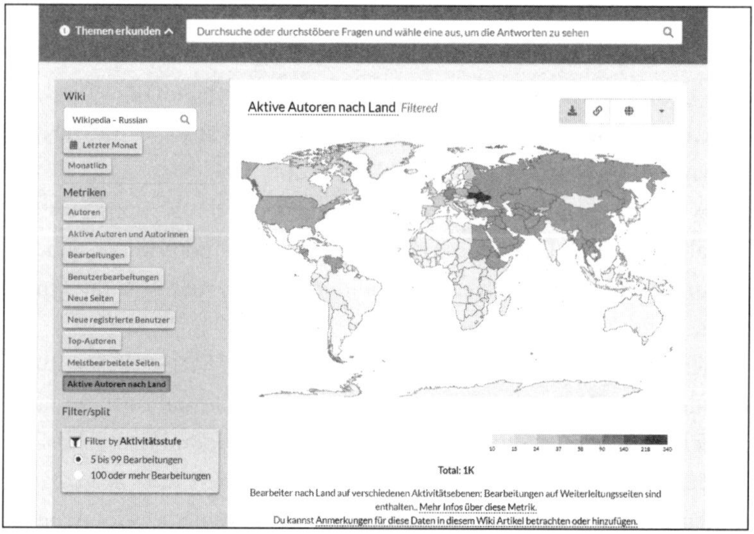

Wer mit der Maus über die Landkarte fährt, der bekommt angezeigt, wie viele Autoren aus welchem Land die russischen *Wikipedia*-Artikel schreiben. Im April 2024 waren es 340 Autoren aus der Ukraine, 100 Autoren aus Deutschland, 60 Autoren aus den USA, 30 Autoren aus Kirgisistan, 50 Autoren aus Polen und insgesamt 70 Autoren aus den drei baltischen Staaten. Für Russland werden übrigens 0 (in Worten: null) angezeigt.

Was kommt wohl dabei heraus, wenn ukrainische, deutsche, US-amerikanische, polnische und baltische Autoren auf Russisch über russische Geschichte, die aktuelle russische Politik insgesamt sowie den Ukrainekonflikt im Besonderen schreiben? Sie haben es erraten: Russischsprachige *Wikipedia*-Artikel wiederholen exakt die Kiewer Narrative über den »brutalen russischen Angriffskrieg«, die »russischen Kriegsverbrechen in Butscha« und so weiter und so fort.

Das ist nicht überraschend, denn schon im April 2020 hatte die Pressestelle des ukrainischen Außenministeriums angekündigt, dass Kiew *Wikipedia*-Artikel über die Ukraine, die der ukrainischen Regierung »nicht objektiv« erschienen, korrigieren würde. Dazu hat das ukrainische Außenministerium eine Zusammenarbeit mit der ukrainischen Sektion der Wikimedia Foundation bekannt gegeben, die *Wikipedia* gegründet hat und kontrolliert.

Laut dem ukrainischen Außenministerium war das Ziel dieser Kampagne, dass die teilnehmenden *Wikipedia*-Autoren »Desinformationen über die Ukraine« bekämpfen und in den Artikeln über das Land die »russische Aggression« hervorheben. Dabei ging es nicht nur um ukrainische *Wikipedia*-Beiträge, sondern um »Artikel in verschiedenen Sprachen«. Schon 2020 wurde also quasi unverhohlen verkündet, dass Kiew russische *Wikipedia*-Artikel bearbeiten will, zumal Russisch die Muttersprache vieler Menschen in der Ukraine war und ist.

Und bereits im Mai 2020 sollten die ukrainischen Autoren im Rahmen des »Monats der ukrainischen Diplomatie« Abschnitte über die »russische Aggression«, die Integration der Ukraine in die EU und die NATO sowie andere politische Themen »ausbessern«.

Die Tatsache, dass die Wikimedia Foundation in diesem Projekt als Partner der ukrainischen Regierung fungiert, zeigt deutlich, dass *Wikipedia* eben kein »basisdemokratisches Onlinelexikon«, sondern eine von oben gelenkte Struktur ist, in der letztlich die Wikimedia Foundation entscheidet, was »wahr« ist und was nicht. Bei *Wikipedia* findet man keine objektiven Informationen, sondern genau das Narrativ, das die Wikimedia Foundation verkündet haben möchte. Daher kann man *Wikipedia* nur als Presse- oder Propagandaplattform und nicht als neutrale Quelle für Informationen bezeichnen.

Als ich mich im August 2020 mit diesem Thema zu beschäftigen begann, gab es allein in diesem Monat 380 Autoren, die jeder über hundertmal Änderungen in *Wikipedia*-Artikeln vorgenommen haben. Hyperaktive *Wikipedia*-Autoren sind also kein auf die deutschen oder englischen *Wikipedia*-Segmente beschränktes Phänomen.

Dass russische Segment von *Wikipedia* muss also Hunderte professioneller Schreiber beschäftigen, die vor allem in der Ukraine, aber auch in anderen westlichen Ländern sitzen und die russischen *Wikipedia*-Artikel bearbeiten. Da *Wikipedia* leider auch in Russland von vielen benutzt wird, hat das natürlich einen enormen Einfluss auf die dortige öffentliche Meinung, die auf diese Weise in die proamerikanische Richtung beeinflusst wird.

Die russische Regierung ist sich des Problems *Wikipedia* aber bewusst, und weil Lügen über das russische Militär unter bestimmten Umständen unter Strafe gestellt werden, haben die russischen Behörden sich für die Identitäten der dreistesten Lügner auf *Wikipedia* interessiert.

Wenn *Wikipedia*-Einträge gegen Gesetze verstoßen, kann ein Land bei *Wikipedia* darum bitten, Informationen über den User zu bekommen, der diese verfasst hat. Und normalerweise arbeitet *Wikipedia* mit den Strafverfolgungsbehörden zusammen. Folglich haben die russischen Behörden bei *Wikipedia* um Informationen gebeten, und deren Reaktion war äußerst interessant. Denn anstatt den russischen Behörden die vorhandenen Informationen über die User zukommen zu lassen, hat *Wikipedia* alle öffentlich sichtbaren User-Informationen über auf Russisch schreibende *Wikipedia*-Autoren gelöscht. Das ist ein einmaliger Vorgang, dergleichen hat *Wikipedia* noch nie und in keinem Land getan.

Ein schönes Beispiel ist auch mein eigener Eintrag auf *Wikipedia* Deutschland, der immer länger wird. Natürlich kann man dort mit inzwischen fünfzig Quellenverweisen lesen, dass ich ein »Kreml-treuer« Verbreiter von Desinformation wie nachweislich falschen Behauptungen, Verschwörungstheorien und russischer Regierungspropaganda bin. Die Tatsache, dass *Wikipedia* mir derart große Aufmerksamkeit schenkt und sich so viel Mühe gibt, mich zu diskreditieren, zeigt mir, dass ich vieles richtig gemacht habe. Folglich nehme ich jeden neuen Eintrag in meinen *Wikipedia*-Artikel als Kompliment.

Trotzdem bleibt *Wikipedia* für meine Recherchen ein wichtiges Instrument, denn wenn man weiß, wie man mit *Wikipedia* arbeiten muss, kann es sehr hilfreich sein.

Das Wichtigste ist: Ich lese nie die Texte in den *Wikipedia*-Artikeln, sondern schaue mir nur die Links an. In diesen finden sich nämlich oft interessante Informationen. Außerdem nehme ich immer *Wikipedia*-Artikel über diese NGO in mehreren Sprachen zu Hilfe – beispielsweise, wenn ich über die Finanzierung einer NGO recherchiere. Der Grund dafür ist, dass die Links aufzeigen, mit wem eine Organisation (oder Person) zusammenarbeitet oder von wem sie finanziert wird. Darauf sind die Autoren im Westen nämlich stolz. Wird eine Organisation beispielsweise von Soros finanziert, findet man in dem *Wikipedia*-Artikel über die Organisation in der Regel einen hervorgehobenen Link zu Soros, weil man im Westen der Meinung ist, Soros sei ein guter Mensch und es sei positiv, wenn er jemanden finanziert.

Doch ich möchte noch einmal betonen: Die *Wikipedia*-Artikel selbst lese ich nie, weil darin zu politischen Themen nur US-Propaganda – also Blödsinn – steht.

Gekaufte Journalisten

Die AfD-Fraktion im Bundestag stellte 2023 eine Kleine Anfrage an die Bundesregierung, in der sie wissen wollte, welche Journalisten von der Bundesregierung und anderen Bundesbehörden wie viel Geld bekommen hätten. Doch die Bundesregierung lehnte es ab, die Namen der Journalisten und die individuellen Bezahlungen zu nennen, und fasste stattdessen die Zahlungen nach Ministerien zusammen.[145]

Diese Liste der von der Regierung bezahlten Journalisten umfasst 200 nicht namentlich genannte, sondern nur mit Nummern gekennzeichnete Journalisten, die insgesamt 1,5 Millionen Euro bekommen haben. Da viele Journalisten von mehreren Ministerien bezahlt wurden, ist die Liste beindruckende 24 Seiten lang.

Da nicht klar ist, welcher Journalist wie viel erhalten hat, kann man nur einen Durchschnitt errechnen. Und dabei kommt heraus, dass jeder der Journalisten etwa 7500 Euro von der Regierung bekommen haben muss. Rund 875 000 Euro wurden an Journalisten der Staatsmedien (sorry, es muss natürlich »öffentlich-rechtlicher Rundfunk« heißen) bezahlt und knapp 600 000 an Journalisten der Medienkonzerne verteilt – meistens für die Moderation von Veranstaltungen. Pro Auftrag flossen im Schnitt die genannten 7500 Euro Honorar, wobei die Honorare für Journalisten privater Medien im Schnitt niedriger waren als die der Journalisten der Staatsmedien. Sehr oft erhielten dieselben Journalisten mehrere Aufträge von verschiedenen Ministerien und Behörden.

Da der Beruf des Journalisten im Normalfall nicht gut bezahlt wird, fallen solche Zahlungen durchaus ins Gewicht, zumal auf der

Liste viele freie Journalisten zu finden sind, die darauf angewiesen sind, ihre Artikel oder Beiträge irgendwo zu verkaufen. Da stellt sich natürlich sofort die Frage, wie frei und unabhängig ein Journalist über die Regierung berichten kann, wenn er auch in Zukunft Geld von ihr bekommen möchte. Dass die Regierung Journalisten bezahlt, die der Regierung eigentlich als »vierte Macht im Staate« kritisch auf die Finger schauen sollten, verhindert faktisch, dass diese ihre Aufgabe tatsächlich wahrnehmen.

Dass Journalisten praktisch aller deutschen Mainstream-Medien Geld von der Regierung erhielten, müsste das Vertrauen in die Berichterstattung dieser Medien normalerweise erschüttern, denn sich von denjenigen bezahlen zu lassen, deren Arbeit man von Berufs wegen kritisch verfolgen sollte, schließt kritische Berichterstattung aus. Aber wie wir schon an so vielen Beispielen gesehen haben, ist dieses korrupte Verfahren ganz und gar nicht ungewöhnlich. Was das bedeutet, will ich noch einmal am Beispiel von Bill Gates aufzeigen.

1998, also bevor Gates seine Stiftung gegründet und angefangen hat, die Medien zu bestechen, konnte man im *Spiegel* noch Artikel finden, in denen man Folgendes über Gates erfuhr:[146]

> Heute gilt Bill Gates als der gnadenlose Geschäftsmann und weltweit als Bedrohung. Wie in einem Zerrspiegel sehen Amerikaner, Asiaten und Europäer jetzt die böse Fratze eines Genies. […] Sein Einfluss ist schon heute überall zu spüren. […] Gates wolle die Welt nicht bloß verändern, meinten bereits 1993 seine Biographen Stephen Manes und Paul Andrews, »er will sie beherrschen«. Als »rücksichtslosen Geschäftsmann, der durch technische Spielereien Macht gewinnt und es dann nicht lassen kann«, beschreibt das amerikanische Autorenpaar James Wallace und Jim Erickson den »Mr. Microsoft«.

Heute ist beim *Spiegel* und anderen Medien jede Kritik an Gates tabu, Kritiker von Gates werden sofort als »Verschwörungstheoretiker« verunglimpft. Kein Wunder, denn allein der *Spiegel* bekommt alle paar Jahre mehrere Millionen von Gates.

Und wenn die Bundesregierung ausgewählte Journalisten direkt bezahlt, dürfte dies denselben Effekt haben wie die Zahlungen von Oligarchen wie Gates an die Medien: Um weiterhin vom warmen Geldregen zu profitieren, hält man sich mit Kritik zurück. Schließlich hat sich Gates nicht geändert, sein Machthunger ist nicht gestillt. Er hat nur angefangen, die Medien über seine Stiftung zu bezahlen, und schon verschwanden wie von Zauberhand die kritischen Berichte über ihn, die es vor Gründung seiner Stiftung noch gegeben hatte.

Das Portal *pleiteticker.de* von Julian Reichelt konnte einige der nur als Nummern gekennzeichneten Journalisten enttarnen. Das war möglich, weil die Liste der Bundesregierung Hinweise auf deren Tätigkeit (zum Beispiel »Moderatorin«) und deren Geschlecht gibt, und manchmal sogar die Anlässe genannt werden, zu denen die Journalisten bezahlt wurden. Man kann also, ein wenig Recherche und Kenntnis der deutschen Medienlandschaft vorausgesetzt, durchaus einige der von der Regierung bezahlten Journalisten identifizieren.

So fand *pleiteticker.de* zum Beispiel über die ehemalige Tagesschau-Moderatorin Judith Rakers heraus:[147]

> Rakers moderierte am 16. März 2019 eine Veranstaltung im Arbeitsministerium mit Hubertus Heil. Am 1. Dezember 2020 moderierte sie eine Veranstaltung für das Wirtschaftsministerium. Das Ministerium von Hubertus Heil zahlte im Durchschnitt 4260 Euro, das Wirtschaftsministerium im Durchschnitt 5962, es geht also im Schnitt um rund 10 000 Euro Honorarzahlung. Die meisten Menschen in diesem Land müssen dafür mehr als zwei Monate arbeiten.

Und über eine weitere von der Regierung bezahlte Journalistin lesen wir dort:

> Ein weiterer prominenter Fall ist in dem Dokument als »Journalist 97« geführt – es handelt sich unseren Recherchen zufolge um Linda Zervakis. Die Pro7-Moderatorin und ehemalige »Tagesschau«-Sprecherin hat von der Bundesregierung in den vergangenen Jahren wohl eine fünfstellige Honorar-Summe erhalten. Legt man durchschnittliche Honorare zugrunde, könnte Zervakis allein im Jahr 2022 mehr als 12 000 Euro […] für Moderationsjobs bekommen haben – etwa auch bei der Veranstaltung »Deutschland. Einwanderungsland. Dialog für Teilhabe und Respekt«. Hinzu kommen weitere Honorare, die in ihre Zeit beim öffentlich-rechtlichen Rundfunk fallen. Insgesamt belaufen sich Zervakis' Einnahmen für Moderationen von Organen der Bundesregierung schätzungsweise auf vermutlich mehr als 20 000 Euro. Vor wenigen Tagen war bereits publik geworden, dass Zervakis für ein 20-minütiges Interview auf der Digitalmesse re:publica mit Bundeskanzler Olaf Scholz (SPD) mehr als 1100 Euro erhalten hatte.

Ebenfalls enttarnen konnte *pleiteticker.de* Anne Gellinek (stellvertretende ZDF-Chefredakteurin und Leiterin der ZDF-Hauptredaktion), Monika Jones (Deutsche Welle), Anja Heyde (ZDF-Morgenmagazin), Angela Elis (früher ARD, ZDF und 3sat, jetzt freie Moderatorin), Andrea Thilo (öffentlich-rechtliche Medien) und Shelly Kupferberg (Deutschlandradio und RBB). Keine der genannten Journalistinnen hat auf Anfragen von *pleiteticker.de* geantwortet.

Dass die Bezahlung von Journalisten durch die Regierung eine Gefahr nicht nur für den unabhängigen Journalismus, sondern sogar für die Demokratie selbst bedeutet, ist nicht meine krude Behauptung, sondern *pleiteticker.de* hat Fachleute dazu befragt. Verfassungsrechtler Rupert Scholz sagte zum Beispiel:[148]

> Der Vorgang ist hoch problematisch. Die Pressefreiheit ist verfassungsrechtlich notwendigerweise durch Unabhängigkeit von jeglichen staatlichen Organen und möglicher Einflussnahme staatlicher Stellen gekennzeichnet. Wenn Pressevertreter Honorare von Ministerien oder Kanzleramt erhalten, ist das ein Stück Korrumpierung dessen, was man die vierte Gewalt nennt. Von Staatsferne und unabhängiger, kritischer Kontrolle politischen Handelns kann unter diesen Umständen keine Rede sein.

Auch Peter Hahne, früher eine Legende beim ZDF, sieht darin eine Gefährdung der Demokratie:[149]

> Bei «Stimmt! Der Nachrichtentalk« erklärt ZDF-Legende Peter Hahne, solche Angebote seien allgegenwärtig, auch er habe welche bekommen, lehnte sie jedoch ab. »Ich habe X-Anfragen gehabt. Da ging es ja nicht darum, dass man Fachwissen präsentiert.« Als Journalist müsse man solche Angebote ausschlagen, auch wenn sie verführend sind, denn »die Gefälligkeit, dort für 10 000 Euro zu moderieren, heißt gleichzeitig Gefälligkeitsjournalismus auch im Beruf und im Alltag«, erklärte Hahne. [...] »Man kann nicht mehr von Demokratie sprechen, wenn Journalismus und Politik so eng verflochten sind.«

Die Bezeichnung »Tiefer Staat« oder »Deep State« als Synonym dafür, dass in Wahrheit nicht die gewählten Regierungen, sondern (unter anderem) die Geheimdienste die Macht haben und die wichtigen Entscheidungen treffen, wird heute als »Verschwörungstheorie« bezeichnet. Das war jedoch nicht immer so, denn früher gab es für die Geheimdienste die Bezeichnung »Staat im Staate«, die im Kern dasselbe bedeutete: Die Geheimdienste entziehen sich der Kontrolle der Regierung, und da sie die Hüter der geheimsten Informationen sind, können sie die Regierungen jederzeit in die gewollte Richtung beeinflussen.

Wenn man daran interessiert ist, die Macht der Geheimdienste zumindest ein wenig unter Kontrolle zu halten, sollte man ein grundlegendes Interesse daran haben, dass sie keinen Einfluss auf die Medien ausüben. Aber wie die Antwort der Bundesregierung auf die Kleine Anfrage der AfD zeigt, ist das Gegenteil der Fall. Da die AfD nach der Bezahlung von Journalisten durch »Bundesministerien oder Bundesbehörden« gefragt hat, war auch der BND in die Frage mit eingeschlossen. Daher antwortete die Bundesregierung über die Bezahlung von Journalisten durch den BND explizit:[150]

> Für den Bundesnachrichtendienst (BND) ist darauf hinzuweisen, dass die Beantwortung der Fragen aus Staatswohlgründen nicht erfolgen kann, weil Kooperationen des BND besonders schützenswert sind. Die einzelnen Kooperationspartner arbeiten mit dem BND nur unter der Voraussetzung zusammen, dass die konkrete Kooperation mit ihnen – auch nicht mittelbar – preisgegeben, sondern absolut vertraulich behandelt wird. […] Insofern muss ausnahmsweise das Fragerecht der Abgeordneten gegenüber dem Geheimhaltungsinteresse der Bundesregierung zurückstehen.

Nun drängt sich mir die Frage auf: Geht es nur mir so, dass ich bei der Bezahlung deutscher Journalisten durch den deutschen Geheimdienst sofort an Mockingbird denken muss? Die Bundesregierung fügte nämlich hinzu:

> Dabei ist der Umstand, dass die Antwort nicht gegeben werden kann, weder als Bestätigung noch als Verneinung des angefragten Sachverhalts zu werten.

Würde der BND keine Journalisten bezahlen, könnte die Bundesregierung dies problemlos mitteilen. Doch mit der Verweigerung einer präzisen Antwort gestand die Bundesregierung indirekt ein, dass der BND in Form von Bezahlung Einfluss auf Journalisten nimmt.

Die westlichen »Mainstream-Medien« als »gekauft«, »gleichgeschaltet« oder »kontrolliert« zu bezeichnen, ist keine Übertreibung. Der ehemalige *FAZ*-Redakteur Udo Ulfkotte hat in seinem Buch *Gekaufte Journalisten*[151] 300 führende deutsche Redakteure namentlich genannt und aufgezeigt, wie sie von transatlantischen Strukturen bezahlt werden.

Soziale Medien

Es ist immer erstaunlich, wie brav Internetkonzerne den Narrativen der transatlantischen US-Eliten folgen. Internetkonzerne sind offiziell gewinnorientierte Firmen, aber wenn sie vor der Wahl stehen, entweder politische Narrative zu fördern, die im Interesse der US-Regierung sind, oder Gewinne zu machen, entscheiden sie sich jedes Mal für die Politik.

Das wirft Fragen auf, denn andere Konzerne, wie zum Beispiel Siemens Daimler, verhalten sich erstaunlich unpolitisch. Wenn es um Gewinne geht, arrangieren sie sich mit »bösen« Regierungen wie etwa der chinesischen, während Internetkonzerne aus politischen Gründen auf die Milliardengewinne, die auf dem chinesischen Markt winken, verzichten. Und das klingt so, als seien diese Firmen nicht gewinnorientiert.

Diese Frage beschäftigt mich schon lange, und daher beschloss ich, mich mit der Entstehungsgeschichte der Internetkonzerne zu beschäftigen. Als ich danach googelte, war ich überrascht, wie relativ leicht die Informationen zu finden sind.

Als das Internet in den 1990er-Jahren geschaffen wurde, war die Euphorie groß. Die Visionäre sahen eine neue Zeit – das Informationszeitalter – anbrechen. Wissen und Informationen, so war die Hoffnung, würden im Netz für jeden frei verfügbar werden, die Menschen könnten unbegrenzt kommunizieren und Wissen und Informationen miteinander teilen. Es winkte eine neue Ära wahrer Freiheit und echter Demokratie, in der jeder Zugang zu allen Informationen haben könnte.

So viel Freiheit bereitet den Mächtigen jedoch Sorgen. Man stelle sich einmal vor, es hätte schon 1991, als die USA den Irak angriffen, ein freies Internet gegeben. Damals betrieb die US-Regierung unter Einschaltung von PR-Agenturen Kriegspropaganda, um Saddam Hussein als neuen Hitler zu präsentieren und die Menschen im Westen dazu zu bewegen, den anstehenden Krieg zu befürworten. Dazu wurde viel gelogen, zum Beispiel hat man sich die Brutkastenlüge ausgedacht, die besagte, dass irakische Soldaten in Krankenhäusern in Kuwait die Frühchen aus den Brutkästen gerissen und erschlagen hätten. Das wurde eindrucksvoll von einer 16-jährigen Krankenschwester aus Kuwait bestätigt, die dem US-Senat diese Geschichte unter Tränen erzählte. Die Bilder des weinenden Mädchens im US-Senat gingen um die Welt, und das Ergebnis war, dass der Krieg gegen Saddam im Westen salonfähig wurde.

Das Problem war nur, dass all dies gelogen war. Die Geschichte war frei erfunden und die »Krankenschwester« in Wahrheit die Tochter des kuwaitischen Botschafters in Washington. Doch das wusste damals niemand, weil es kein Internet gab, in dem man schnell hätte sehen können, wer das Mädchen in Wahrheit war. Heute könnte jeder diese Geschichte innerhalb von 10 Minuten widerlegen, indem er im Netz nach Fotos sucht und die Geschichte überprüft.

Daher machte man sich in der US-Regierung schnell Gedanken, wie man das Internet kontrollieren und sogar als Waffe im »Informationskrieg« (man sprach von »Konflikten im Informationszeitalter«) nutzen könnte.

Also hat das Pentagon schon 1994, als normale Menschen noch gar nicht wussten, was das Internet überhaupt ist, das Highlands Forum gegründet, dessen Aufgabe es war, die Gefahren des anbrechenden Informationszeitalters zu analysieren und nach Wegen zu suchen, wie man das Internet kontrollieren könnte. Seine erste formelle Sitzung fand im Februar 1995 statt. Finanziert wurde das Projekt vom für Geheimdienste und Informationskontrolle verantwortlichen US-Vizeverteidigungsminister. Den gibt es wirklich, seine offizielle Abkürzung lautet PDASD(C3I).

Auch die DARPA (Defense Advanced Research Projects Agency, Agentur für Projekte zur fortgeschrittenen Verteidigung) war von Anfang an mit im Boot. Die DARPA ist eine Behörde des Pentagons, deren Aufgabe es salopp ausgedrückt ist, Science-Fiction zu erforschen. Die DARPA finanziert Forschungsprojekte, die wie Science-Fiction anmuten, sich im Erfolgsfall aber als Waffen einsetzen lassen. Daher überrascht es nicht, dass die DARPA von Anfang an mit dabei war, als es um die Frage ging, wie die US-Regierung das Internet kontrollieren und den Informationsfluss dort beeinflussen oder sogar lenken könnte.

Doch so etwas erfährt man nicht auf *Wikipedia* oder in den »Qualitätsmedien«, man muss schon ein wenig suchen. Dann findet man zum Beispiel ein Seminarpapier des Highlands Forum mit dem Titel »Seminar on Intelligence, Command, and Control« (Seminar über Geheimdienst, Führung, und Kontrolle).[152] Dieses Seminar fand im Dezember 2001 an der Harvard University statt, und in dem Text findet man einen Infokasten, in dem man all das nachlesen kann.

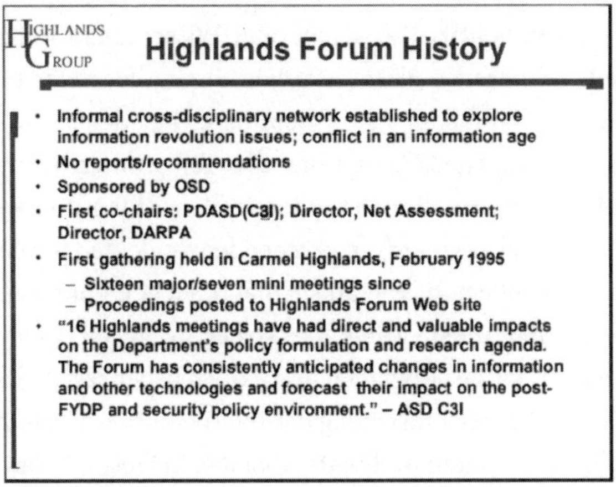

DARPA = Defense Advanced Research Projects Agency FYDP = Future Years Defense Plan OSD = Office of the Secretary of Defense PDASD = principal deputy assistant secretary of defense

Quelle: *https://productivityhub.org/2019/10/04/how-the-cia-made-google/*

Die Geheimdienste NSA und DIA und wahrscheinlich auch die CIA waren ebenfalls von Anfang an in die Arbeit des Highlands Forum eingebunden.

Während 1994 das Highlands Forum gegründet wurde, gelang zwei jungen Studenten der Stanford University bei der sogenannten automatisierten Web-Crawling- und Page-Ranking-Anwendung der Durchbruch: Sie hatten damit das Kernstück der Suchmaschine **Google** entwickelt. Die beiden hießen Sergey Brin und Larry Page und gründeten später Google.

Es ist unbestritten, dass Sergey Brin seine Forschung von der US-Regierung bezahlt bekam. Er hatte ein Stipendium der National Science Foundation, einer dem Pentagon und den US-Geheimdiensten nahestehende Behörde der US-Regierung. Das hat zunächst einmal nicht viel zu bedeuten, denn viele Studenten bekommen Stipendien von Behörden, die Geheimdiensten nahestehen.

So arbeiten Geheimdienste generell: Sie sind an Universitäten sehr aktiv und suchen dort den Kontakt zu vielversprechenden Studenten. Da niemand im Voraus weiß, welche Studenten später wichtige Persönlichkeiten in Politik, Wirtschaft oder Wissenschaft werden, spannen sie ein sehr weites Netz, vergeben Stipendien oder finanzieren unverfängliche Workshops und Seminare, bei denen sie Kontakte knüpfen und Informationen über die Teilnehmer sammeln. Die meisten dieser Informationen landen in den Akten und werden nie wieder benötigt, aber zu vielversprechenden Studenten werden für den Fall Kontakte gepflegt, dass man sie mal brauchen könnte.

Dass Brin und andere Leute, die später in Silicon Valley Karriere gemacht haben, solche Stipendien bekommen haben, zeigt, dass die US-Geheimdienste bei der Entstehung der Internetkonzerne von Anfang an mit von der Partie waren und beste Kontakte in Silicon Valley haben.

Sergey Brin gehörte zu denen, zu welchen man einen besonders intensiven Kontakt pflegte. Das ist durch einen Artikel der Informatikprofessorin Bhavani Thuraisingham von 2013 bekannt geworden, in dem sie schrieb, dass sie in den 1990ern für die US-Geheimdienste ein Projekt namens Massive Digital Data Systems (MDDS) geleitet hatte:[153]

> Tatsächlich wurde der Google-Gründer, Sergey Brin, teilweise durch dieses Programm finanziert, als er Doktorand in Stanford war. Er entwickelte zusammen mit seinem Berater Prof. Jeffrey Ullman und meinem Kollegen bei MITRE, Dr. Chris Clifton, das Query Flocks System, das Lösungen für das Mining großer Datenmengen in Datenbanken produzierte. Ich erinnere mich, dass ich Stanford mit Dr. Rick Steinheiser von der Intelligence Community besuchte und Brin auf Rollschuhen hereinstürmte, seine Präsentation hielt und wieder hinausrauschte. Tatsächlich demonstrierte uns Mr. Brin bei unserem letzten Treffen im September 1998 seine Suchmaschine, aus der bald darauf Google wurde.

Am 4. September 1998, also genau zu dieser Zeit, wurde Google gegründet.

Diese Fakten hatte der britische Journalist Nafeez Mosaddeq Ahmed schon 2015 in einem Artikel zusammengetragen, den er mit den Worten beendet:[154]

> So berichtete Brin regelmäßig an Thuraisingham und Steinheiser über seine Arbeit bei der Entwicklung von Google.

Damit stellte er die Behauptung auf, dass die US-Geheimdienste, für die Thuraisingham und Steinheiser damals arbeiteten, die Arbeit von Brin finanzierten und sehr genau überwachten. Das jedoch wollte

Thuraisingham so nicht stehen lassen, und so schrieb sie eine Ergänzung zu ihrem Artikel von 2013. Dort hieß es unter anderem:[155]

> Darüber hinaus hat Sergey Brin weder mir noch Dr. Rick Steinheiser jemals Bericht erstattet; er hat uns lediglich während unserer Besuche im Department of Computer Science in Stanford in den 1990er-Jahren Vorträge gehalten. Außerdem finanzierte MDDS die Stanford University, aber niemals Google.

Das steht gar nicht im Widerspruch zu dem, was Nafeez Ahmed geschrieben hat, denn er hat gar nicht behauptet, das MDDS-Projekt habe Google finanziert. Wie auch? Google gab es damals ja noch nicht, Google wurde erst gegründet, nachdem die vom MDDS-Projekt finanzierte Forschung abgeschlossen war. Und was ist der Unterschied zwischen der Formulierung von Nafeez Ahmed »Brin berichtete regelmäßig« und Thuraisinghams Formulierung »er hat […] während unserer Besuche […] Vorträge gehalten«? Wenn Brin bei den regelmäßigen Besuchen von Thuraisingham und Steinheiser in Stanford Vorträge über seine Arbeit und seine Fortschritte gehalten hat, dann hat er de facto »Bericht erstattet«.

Die empfindliche Reaktion von Thuraisingham auf den Artikel von Nafeez Ahmed überrascht, denn sie widerspricht ihm, ohne ihm – tatsächlich in der Sache – zu widersprechen. Hinzu kommt, dass Brin selbst in einem Papier von 1998 in einer Fußnote über seine Forschung geschrieben hat:[156]

> Dieses Projekt wird durch das NSF Cooperative Agreement IRI-9411306 unterstützt. Dieses Kooperationsabkommen wird auch von der DARPA und der NASA sowie von Interval Research und den Industriepartnern des Stanford Digital Libraries Project finanziert.

Man kann es drehen und wenden, wie man will, Google ist definitiv mit finanzieller Unterstützung und unter enger Betreuung der US-Geheimdienste entstanden. Besonders wichtig ist der Hinweis auf die DARPA, denn die DARPA ist eine Behörde des US-Verteidigungsministeriums, die Forschungsprojekte für die US-Streitkräfte durchführt. Die DARPA unterstützt nichts, was nicht als Waffe verwendet werden kann, und die DARPA hat genau jene Forschung bezahlt, die Google erst möglich gemacht hat.

Dass Google als Firma danach mit privaten Mitteln gegründet wurde, bestreitet niemand. Aber der Kontakt zu den US-Geheimdiensten war schon vor der Gründung von Google vorhanden. Und wenn wir uns in Erinnerung rufen, dass die Kontrolle des Internets damals eine Priorität der US-Regierung war (siehe Highlands Forum), dann werden die Geheimdienste den Kontakt zu Brin und Page sicherlich aufrechterhalten haben. Geheimdienste haben die Angewohnheit, dass sie jemanden, den sie wichtig finden, an der kurzen Leine und notfalls mit mehr oder weniger sanftem Druck auf Linie halten. Selbst wenn Brin und Page die allerbesten Absichten hatten, waren sie längst am Haken der US-Geheimdienste.

Das alles zeigt, dass das MDDS-Programm der US-Geheimdienste CIA und NSA nicht nur die Arbeit von Brin und Page an der Entwicklung der technischen Grundlagen von Google teilweise finanziert hat, sondern dass hochrangige Vertreter der US-Geheimdienste wie der CIA-Beamte Steinheiser die Entwicklung von Google vor seiner Gründung beaufsichtigt haben, bis das Unternehmen zur Gründung bereit war. Google wurde also mit einer entscheidenden Startfinanzierung und unter Aufsicht der US-Regierung ermöglicht: nämlich durch die CIA, die NSA und die Pentagon-Behörde DARPA.

Das bedeutet, dass die Geheimdienste mit völliger Sicherheit vom ersten Tag an Einfluss auf Google hatten. Und wenn Geheimdienste Einfluss auf etwas oder jemanden haben, geben sie den freiwillig nie wieder auf.

Die CIA hat eine eigene Risikokapitalgesellschaft namens In-Q-Tel, die in Start-ups investiert, die die CIA aus geheimdienstlichen Gründen oder zu Zwecken der Spionage für vielversprechend hält. Anfang der 2000er-Jahre war es noch Zukunftsmusik, die Welt auf Basis aktueller Satellitenbilder virtuell auf 3D-Bildern »überfliegen« zu können. Damals war das, was seit Google Earth für uns alle völlig normal ist, für die Geheimdienste noch ein Traum.

Diese Technologie wollte die 1999 gegründete Firma Keyhole erforschen, und das fand die CIA so interessant, dass sie im Juni 2003 über In-Q-Tel bei Keyhole eingestiegen ist.[157] Und schon im Oktober 2004 hat Google Keyhole der CIA-Firma In-Q-Tel für eine unbekannte Summe abgekauft.[158] Sie alle kennen Keyhole, denn Google hat das Unternehmen dann in Google Earth umbenannt.

Wieder sehen wir, welche engen Verbindungen Google zur CIA hat, denn die CIA hat Google Earth – ein für Google ausgesprochen wichtiges Tool – gekauft und dann an Google weitergegeben.

Ein weiteres Beispiel ist MindMeld. MindMeld ist eine Firma, die sich auf Spracherkennungssoftware spezialisiert hat. Laut Businessinsidern wurde die Firma dabei von Google unterstützt, und 2014 kaufte sich – welch ein Wunder! – auch In-Q-Tel bei MindMeld ein.[159] Der Artikel auf Business Insider ist übrigens sehr interessant, denn dort wurden vierzehn interessante Firmen aufgelistet, bei denen In-Q-Tel die Hände im Spiel hat.[160]

Die DARPA war also eine der Geburtshelferinnen von Google, und die engen Verbindungen sind nie abgerissen. So gibt es immer wieder Meldungen, dass Google teilweise für das US-Militär forscht, wenn es beispielsweise um autonomes Fahren geht, denn diese Technologie ist für Kampfroboter und Drohnen ausgesprochen wichtig. Ein besonders eindrucksvolles Beispiel für die enge Beziehung zwischen der DARPA und Google ist eine Personalie aus dem Jahr 2012, denn damals wechselte Regina Dugan, die Chefin der DARPA, zu Google.[161]

Die DARPA finanziert die Erforschung der geheimsten der geheimen Militärtechnologien der USA, Frau Dugan war also eine Geheimnisträgerin erster Güte. Und so eine wichtige Person wechselt mal eben in die Privatwirtschaft, ohne dass die US-Regierung sich Sorgen macht, in welche Hände ihr Wissen geraten könnte?

Oder anders gefragt: Ob man ihr wohl erlaubt hätte, zum Beispiel in die Rüstungsabteilung von Airbus zu wechseln, die nicht unter der Kontrolle der US-Regierung steht? Wohl kaum. Das zeigt ein weiteres Mal, wie eng die Verbindungen zwischen Google und den Militär- und Geheimdienstkreisen der USA sind.

Damit aber nicht genug: 2016 wechselte Frau Dugan zu Facebook. Das *Handelsblatt* schrieb darüber später:[162]

> Bei der Entwicklerkonferenz F8 im April sprach Regina Dugan erstmals von ihren Plänen. Die neue Chefin von Facebooks Hardware-Einheit »Building 8« wollte für Mark Zuckerberg neue Produkte entwickeln, darunter eine Technologie, die künftig elektronisch erfasse, was ein Nutzer denke. Der Chef jubelte Dugan zu.

Wie wir gleich noch sehen werden, hat auch Facebook engste Verbindungen zu den US-Geheimdiensten. Übrigens hat Regina Dugan Facebook schon Ende 2017 wieder verlassen, ohne mitzuteilen, was sie danach machen wollte.

Google kontrolliert heute ein wichtiges Segment des Internets, denn mithilfe seiner Algorithmen kann Google die Suchergebnisse so sortieren, dass die User nur das zu sehen bekommen, was sie sehen sollen. So wurde im Zuge des letzten US-Wahlkampfes beispielsweise bekannt, dass Google die Suchergebnisse zu Trump und Biden so sortieren wollte, dass positive Artikel über Biden und negative Artikel über Trump ganz oben zu stehen kamen.[163]

Die Rolle von YouTube, praktischerweise eine Google-Tochter, ist allgemein bekannt, und YouTube verkündet sogar stolz, dass es Kanäle und Videos aus politischen Gründen löscht.[164] Diese politischen Gründe decken sich immer exakt mit den Wünschen und Ansichten der US-Eliten, was ein weiterer Hinweis auf die enge Verflechtung von Google mit den US-Geheimdiensten ist.

Die US-amerikanischen Internetkonzerne spielen auch bei prowestlichen Putschen, die als »demokratische Revolutionen« verkauft werden, immer eine Rolle. Sie fördern die nötigen Narrative und dienen zur Koordinierung von Protesten, während sie Proteste in westlichen Ländern (Querdenker, Gelbwesten etc.) konsequent ignorieren und entsprechende Accounts bei Bedarf einfach löschen. Auch das ist ein klar politisches Verhalten, was dafürspricht, dass ihnen Politik wichtiger ist als Geld. In diesem Zusammenhang sei noch einmal an China erinnert, denn die US-Internetkonzerne verzichten lieber auf den Milliardenmarkt China, anstatt sich den dortigen Regeln anzupassen. Das mag man gut oder schlecht finden, aber es entspricht nicht dem Verhalten, welches man von Konzernen erwarten würde, denen es in erster Linie ums Geldverdienen geht.

Doch kommen wir nach Google zu **Facebook**, denn dessen Geschichte ist genauso interessant.

Über die Gründung von Facebook und dessen Verbindungen zu den US-Geheimdiensten habe ich ebenfalls einen ausführlichen Artikel geschrieben,[165] und wie bei Google beschränke ich mich hier auch bei Facebook auf die wichtigsten Fakten.

Am 13. April 2004 registrierten die Facebook-Gründer in Florida die Firma TheFacebook LLC, und aus steuerlichen Gründen wurde am 29. Juli 2004 in Delaware das Unternehmen TheFacebook Inc. registriert, das die ursprüngliche Firma übernahm. Zu diesem Zeitpunkt hatten die Facebook-Gründer um Mark Zuckerberg bereits den deutschstämmigen Internetmilliardär Peter Thiel kennengelernt, der die neue Firma Facebook sofort finanziell unterstützte, weil sie unmittelbar nach ihrer Gründung bereits vor der Pleite stand. Seitdem ist Thiel, der übrigens auch im Steuerungskomitee der Bilderberger-Konferenz sitzt, bei Facebook mit im Boot.

Peter Thiel hat beste Verbindungen zur CIA. Er ist einer der Gründer der Firma Palantir, die für Geheimdienste große Datenmengen (Big Data) analysiert. Palantir wurde im Mai 2003 gegründet, was nur dank Risikokapital möglich war, das Palantir von dem Investmentfonds In-Q-Tel bekam. In-Q-Tel ist der Risikokapitalfonds der CIA, der in Technologien investiert, die die CIA aus geheimdienstlicher Sicht als vielversprechend ansieht. In-Q-Tel ist also eine Art Gegenstück der CIA zur DARPA des Pentagons, denn beide sichern sich den Zugriff auf Zukunftstechnologien, die man für Geheimdienste oder für das Militär nutzen kann.

Facebook bekam danach jedwede Unterstützung, um schnell zu wachsen und andere schon existierende soziale Netzwerke zu überholen. Das wäre ohne die Unterstützung von Peter Thiel unmöglich gewesen. Das Wachstum von Facebook ähnelt der Geschichte von Google, das nach seiner Gründung seine Konkurrenten ebenfalls rasch verdrängt hat.

Facebook und Google hatten seit ihrer Gründung über In-Q-Tel und die DARPA sehr enge Kontakte zur CIA und zum Pentagon. Nur ist dies, wie in dem oben verlinkten Artikel zu sehen ist, bei Google wesentlich offensichtlicher, denn die CIA hat die Google-Gründer schon während ihres Studiums finanziert.

Doch auch bei Facebook ist die Spur erstaunlich dick. Im Februar 2004 wurde gemeldet, das LifeLog-Programm sei eingestellt worden, nur 2 Monate später wurde Facebook gegründet, und gleich darauf ist der bestens mit In-Q-Tel verbundene Peter Thiel als Teilhaber eingestiegen.

Aber was ist LifeLog?

Beim Highlands Forum hat man schnell erkannt, dass die Möglichkeiten des Internets noch viel weiter gehen. Die DARPA hatte Anfang der 2000er-Jahre ein Programm namens LifeLog, dessen Ziel es war, eine massive elektronische Datenbank mit allen Aktivitäten und Beziehungen zu erstellen, die ein Mensch hat. Das sollte alle Aspekte des Lebens (Kreditkartenkäufe, besuchte Websites, Telefonate, gesendete und empfangene E-Mails, Scans von Faxen, gesendete und empfangene Postsendungen, gesendete und empfangene Chatnachrichten, Bücher und Zeitschriften, die Auswahl der Fernseh- und Radiosendungen, GPS-Ortung und vieles mehr) beinhalten. Das übergeordnete Ziel war es, jeden Menschen so genau zu kennen, dass eine Software fähig sein würde, vorauszusagen, was er in Zukunft tun würde.

Als das Programm 2003 bekannt wurde, löste es einigen Wirbel und Proteste aus, weshalb die DARPA das Programm 2004 beendet hat. Die *New York Times* schrieb 2003 über LifeLog:[166]

> Das Ziel von LifeLog ist es, eine durchsuchbare Datenbank menschlicher Leben zu erstellen, zunächst die der Entwickler, um die künstliche Intelligenz zu fördern, sagte die Agentur. Die Technologie würde eine neue Klasse von Systemen vorantreiben, die in der Lage sind, auf verschiedene Arten zu denken, aus Erfahrungen zu lernen und »auf robuste Weise auf Überraschungen zu reagieren«, so das Information Processing Technology Office der Agentur.
>
> Um dies zu erreichen, sagte das Büro, müsse das System die Details des täglichen Lebens indizieren und es ermöglichen, »die Routinen, Gewohnheiten und Beziehungen des Users zu anderen Menschen, Organisationen, Orten und Objekten zu erkennen und diese Muster zu nutzen, um seine Aufgabe zu erleichtern«.

Gleichzeitig gab es bei der DARPA das Programm Information Awareness Office (IAO), das gegründet wurde, um innerhalb einer

Datenbank alle verfügbaren Merkmale der Bürger zu suchen und diese später auf Muster hin auszuwerten. Der Vorwand dafür war Terrorismusbekämpfung. Als das Programm bekannt wurde und ebenfalls schlechte Presse bekam, wurde es 2003 in Terrorist Information Awareness umbenannt, weil das weniger nach einer Überwachung der eigenen Bevölkerung klang. Obwohl es offensichtlich ist, dass LifeLog und IAO die gleichen Ziele haben und sie wie Mosaiksteinchen zusammenpassen, bestritt die US-Regierung, dass LifeLog ein Unterprogramm von IAO war.

Noch einmal zur Verdeutlichung: LifeLog wurde im Februar 2004 eingestellt, und nur 2 Monate später wurde Facebook gegründet, wo die CIA in Person von Peter Thiel sofort großen Einfluss bekam.

Facebook ist, wie wir heute wissen, genau das, was LifeLog sein sollte: Eine Datensammelstelle, die alles über die Menschen weiß, die sich dort registriert haben. Das sind derzeit fast 3 Milliarden aktive Nutzer weltweit. Und die geben ihre Daten absolut freiwillig preis und lassen sich freiwillig überwachen. Genau davon hat man bei LifeLog sicherlich geträumt.

Facebook glänzte schnell darin, seine Daten auszuwerten und zu nutzen. Ob Facebook dabei von den Fähigkeiten von Palantir profitiert hat, ist mir nicht bekannt. Doch schon 2010 beeinflusste Facebook heimlich als Experiment eine US-Wahl.[167] Aus den Daten seiner User wusste Facebook, welche User für welche Partei waren. Also hat Facebook den Anhängern Nachrichten von einem der Kandidaten geschickt und sie daran erinnert, zur Wahl zu gehen. Dies brachte laut einem Bericht von Facebook 2012 Hunderttausende von Wählern, die ansonsten zu Hause geblieben wären, dazu, dies auch wirklich zu tun.

Es ist bemerkenswert, dass Facebook dafür nie bestraft oder von offizieller Seite zumindest kritisiert wurde, wenn man bedenkt, welch einen Wirbel die USA seit einigen Jahren um US-Wahleinmischungen machen. Wird aber Facebook auf diese Weise aktiv und testet seinen Einfluss auf Wahlen, stört das in den USA niemanden.

Google kontrolliert faktisch das Internet, denn durch seine Algorithmen kann Google die Suchergebnisse so sortieren, dass die User nur das zu sehen bekommen, was sie sehen sollen. Wie schon erwähnt wurde im Zuge des US-Wahlkampfes 2020 beispielsweise bekannt, dass Google die Suchergebnisse zu Trump und Biden so sortieren wollte, dass positive Artikel über Biden und negative Artikel über Trump bei den Suchergebnissen ganz oben angezeigt wurden.

Und was YouTube angeht, praktischerweise eine Google-Tochter, ist dessen Rolle allgemein bekannt. Ja, YouTube verkündet sogar stolz, dass es Kanäle und Videos aus politischen Gründen löscht, wobei diese sich immer exakt mit den Wünschen und Ansichten der US-Eliten decken – ein weiterer Hinweis auf die enge Verflechtung von Google mit den US-Geheimdiensten.

Über die Anfänge von Twitter habe ich noch nicht ausführlich recherchiert, aber dank der Twitter-Files ist bewiesen, dass auch Twitter die Wünsche der US-Geheimdienste und des Pentagons umgesetzt hat. Ob die US-Geheimdienste wie bei Facebook und Google auch bei Twitter von Anfang an mit im Boot waren oder nicht, ist nicht entscheidend.

Die Twitter-Files sind ein größerer Skandal als Watergate, denn sie zeigen, dass und wie das FBI – immerhin eine US-Regierungsbehörde – politische Zensur ausgeübt und den US-Wahlkampf 2020 zugunsten des Herausforderers und gegen den amtierenden Präsidenten beeinflusst (und wahrscheinlich entschieden) hat, indem es dafür sorgte, dass alle kompromittierenden Informationen über Joe Biden zensiert und vor der Öffentlichkeit geheim gehalten wurden.

Das FBI griff hier direkt ein und schickte den Twitter-Mitarbeitern Listen von Usern und Tweets, die zensiert werden sollten, obwohl es sich dabei teilweise nur um satirische Tweets handelte. Umfragen haben ergeben, dass etwa 20 Prozent derer, die Biden gewählt haben, dies nicht getan hätten, wenn sie von den Enthüllungen über den Laptop von Hunter Biden[168] und von der Korruption des Biden-Clans[169] gewusst hätten. Da das FBI genau diese Enthüllungen zumindest bei Facebook und Twitter zensieren ließ und so vor der breiten Öffentlichkeit versteckte, dürfte die US-Präsidentschaftswahl 2000 anders ausgegangen sein, wenn das FBI nicht eingegriffen hätte.

Inzwischen wurde bekannt, dass das Pentagon auch in Twitter einen willigen Helfer hatte, denn im achten Teil der Twitter-Files wurde enthüllt, dass Twitter nicht nur wissentlich zugelassen hatte, dass das Pentagon mithilfe von Fake-Accounts seine (Kriegs-)Propaganda bei Twitter weltweit verbreitete, sondern dies trotz seiner öffentlichen Erklärung, staatliche und verdeckt arbeitende Accounts strikt zu löschen, sogar begünstigt hatte.[170] Indem Twitter die US-Geheimdienste und das Pentagon in Wirklichkeit bei ihrer Propaganda unterstützte und auf deren »Wunsch« hin sowohl User als auch Tweets aus politischen Gründen löschte, belog es die Öffentlichkeit jahrelang.

Beispiele für die Macht der Medien

In der großen Euphorie von 1989 war ich 17 Jahre alt. Gorbatschow war der beliebteste Politiker in der westlichen Welt, der Kalte Krieg ging zu Ende, die sozialistischen Diktaturen brachen zusammen, DDR-Bürger flüchteten über Tschechien und Ungarn in den Westen. Mitten in diese Euphorie platzte die Meldung von dem chinesischen Massaker mit Tausenden Toten hinein, und Honecker lobte die Chinesen mit seiner zittrigen Fistelstimme für ihr entschlossenes Vorgehen gegen die »Konterrevolution«. Wir waren alle schockiert.

Ich habe das einfach so abgespeichert und mich nie mehr wirklich dafür interessiert. Dabei kann man ganz leicht herausfinden, dass es ganz anders war, als die Medien heute überall berichten. Kommen Sie mit auf eine kleine und einfache Recherche.

Zum Jahrestag des angeblichen Massakers am 4. Juni 2024 veröffentlichte der *Spiegel* zum Beispiel einen Artikel mit der Überschrift »35 Jahre nach dem Blutbad – Was wissen die Chinesen vom Tiananmen-Massaker?«, der insofern amüsant ist, als er die Wahrheit exakt verdreht.[171] Die Frage ist nicht, was die Chinesen vom »Tiananmen-Massaker« nicht wissen, sondern warum im Westen jedes Jahr an ein angebliches Massaker auf dem Platz des Himmlischen Friedens im Jahr 1989 erinnert wird, dass es laut westlichen (!) Quellen nie gegeben hat.

Ich habe über dieses Thema schon vor 5 Jahren berichtet, denke aber, dass es gut ist, es noch einmal aufzugreifen, denn derzeit erscheinen in vielen deutschen Medien erneut Publikationen darüber. Wichtig dabei: Immer die Quellen prüfen!

Ich beginne mit einer Google-Anfrage und suche den betreffenden *Wikipedia*-Beitrag. Wie gesagt habe ich bei meinen Recherchen häufig festgestellt, dass *Wikipedia*-Einträge je nach Sprache stark voneinander abweichen; sie haben nicht nur eine unterschiedliche Länge, sondern oft auch einen völlig unterschiedlichen Inhalt. Aber damit nicht genug, denn ich habe oft erlebt, dass man bei *Wikipedia* auf einen Satz stößt, dem eine Quellenangabe beigefügt ist, in der aber, wenn man sie anklickt und überprüft, genau das Gegenteil von dem steht, was in dem Artikel behauptet wird.

So ist es auch bei dem deutschen *Wikipedia*-Artikel zum Stichwort »Tian'anmen-Massaker«. In der Einleitung steht folgender Satz mit Verweis auf Quelle Nummer 4:[172]

> Presseberichte, die sich auf Quellen im chinesischen Roten Kreuz beriefen, nannten 2600 Tote auf Seiten der Aufständischen und des Militärs und rund 7000 Verletzte im Laufe der Woche in ganz Peking.

Wer diese Quelle öffnet, findet jedoch nur eine früher geheime Nachricht der US-Botschaft in Peking an das US-Außenministerium, die inzwischen freigegeben ist.[173] Dort werden zwar die Ereignisse beschrieben, aber keine Zahlen über Tote und Verletzte genannt. *Wikipedia* stellt also eine Behauptung auf und gibt dazu eine Quelle an, die diese Behauptung nicht bestätigt. Das ist völlig unseriös, aber wer überprüft schon die Quellen, wenn er einen Artikel bei *Wikipedia* liest?

Woher also kommt dann diese Zahl von 2600 Toten? In einem Artikel der *New York Times* vom 21. Juni 1989 wird man fündig, der aber nur in der englischen Version des *Wikipedia*-Artikels verlinkt ist.[174] Dort kann man lesen, dass irgendwelche Medien diese Zahlen unter Berufung auf das chinesische Rote Kreuz gemeldet hätten, nicht aber das chinesische Rote Kreuz selbst. Die Opferzahlen wurden also frei erfunden. Trotzdem geistern sie auch über 30 Jahre später noch durch die Medien.

Und der Korrespondent von CBS, der seinerzeit von dem »Massaker« vor Ort berichtet hatte, schrieb zu dessen 20. Jahrestag einen Aufsatz unter der Überschrift »There Was No Tiananmen Square Massacre«[175] (»Es gab kein Tiananmen-Platz Massaker«). Darin erzählt er, die Soldaten hätten zwar den Platz geräumt und dabei auch geschossen, aber nur in die Luft. Auf dem Platz selbst sei niemand gestorben. Abschließend teilt er mit, dass fraglos viele Menschen in der Nähe des Platzes gestorben seien, nur wie viele, wisse bis heute kein Mensch. Und genau das entspricht der offiziellen chinesischen Version der Ereignisse: Der Platz wurde geräumt und in manchen Bezirken Pekings gab es Zusammenstöße, bei denen zwischen 200 und 400 Tote gemeldet wurden, darunter auch Polizisten und Soldaten.

Um nicht falsch verstanden zu werden: Jeder Tote ist einer zu viel! Aber die immer noch kursierenden Meldungen von Tausenden von Toten, die das chinesische Regime zu verantworten haben soll, sind offensichtlich falsch, auch wenn die BBC unter Berufung auf einen Diplomaten sogar einmal von 10 000 Toten berichtet hat.[176] Doch diese Angaben werden von keiner neutralen Quelle gestützt.

China ist ein Staat, der damals schon gut eine Milliarde Einwohner hatte. Wenn dort 10 000 Menschen demonstrieren, wäre das im Verhältnis so, als würden in Deutschland 1000 Menschen demonstrieren. Das ist zwar interessant, würde aber kaum dazu führen, dass die Regierung ihre Politik ändert oder zurücktritt oder gar die verfassungsmäßige Ordnung in Deutschland geändert wird, wie es damals von China gefordert wurde. Dass dies keine leeren Behauptungen von mir sind, konnte man während Corona beobachten, als landesweit Demos gegen die Politik der Regierung einfach verboten wurden, anstatt auf die Proteste Hunderttausender von Menschen zumindest einzugehen.

Ich will das chinesische Vorgehen von 1989 keineswegs verteidigen, aber ich würde mir wünschen, dass die Medien und Geschichtsbücher korrekt berichten. Dann müsste es in etwa so klingen: »Nach wochenlangen Protesten mit vielen Tausend Teilnehmern beendete die chinesische Regierung die Proteste am 4. Juni gewaltsam, und Polizei und Militär räumten den Platz. In der Folge gab es Verhaftungen und Zusammenstöße in Peking, bei denen es über hundert Tote gegeben hat. Die genaue Zahl ist nicht bekannt. Eine unabhängige Untersuchung der Ereignisse hat nicht stattgefunden.«

Was damals in Peking geschehen ist, wurde später zur Blaupause für die vielen Farbrevolutionen, die die USA angezettelt haben: Junge Leute besetzen den zentralen Platz in der Hauptstadt eines Landes und fordern die Absetzung der Regierung sowie die Änderung der verfassungsmäßigen Ordnung des Landes, wobei sie die Anweisungen der Ordnungskräfte ignorieren. Wenn diese schließlich den Platz räumen, veranstalten die westlichen Medien ein Konzert, in dem sie von »Massakern« berichten. Das tun sie auch dann, wenn es – wie im Falle des »Tian'anmen-Massakers« – gar kein Massaker gegeben hat.

Und das war keineswegs eine Ausnahme, wie ich an einem weiteren Beispiel kurz aufzeigen will, das in Deutschland weitgehend unbekannt ist. Es gibt jedoch so viele derartige Beispiele, dass man darüber ein sehr dickes Buch schreiben könnte.

Haben Sie schon mal von der Operation Timber Sycamore gehört? Das würde mich wundern, denn in Deutschland wurde darüber fast gar nicht berichtet. Dabei ist diese CIA-Operation zur Bewaffnung und Unterstützung syrischer Rebellen gegen Präsident Assad längst eine unbestrittene Tatsache.

Bei dieser Operation, die 2012 oder 2013 gestartet wurde (Genaues ist bis heute geheim), hat die CIA Waffen aufgekauft, bei denen es sich meistens um alte sowjetische Modelle handelte, von denen es in Syrien ohnehin reichlich gab, was es schwerer machte, ihre Spur in die USA zurückzuverfolgen. Die Waffen wurden in Osteuropa und ehemaligen Sowjetrepubliken erworben, das Geld dafür kam aus Saudi-Arabien, und dann wurden sie über verschiedene Transportwege nach Syrien gebracht. Es gab einen Weg über Jordanien, einen über die Türkei und einen über Deutschland.

Der Zweck der Waffenlieferungen war es, Rebellen in Syrien gegen Assad zu stärken; später allerdings, als der IS stärker wurde, hat man manchmal auch den Kampf gegen den IS als Grund vorgeschoben. Dass der IS vor allem durch die von den USA gelieferten Waffen so stark wurde, wurde in dem Zusammenhang jedoch nicht erwähnt.

Das Programm steht zum Teil immer noch unter Geheimhaltung, weshalb man bis heute weder den vollen Umfang der Unterstützung noch das Budget kennt. Aber dass es das Programm gab, ist unbestritten. Und es wurde auch über das Programm berichtet, nur eben in Deutschland (fast) nicht. Wie weit die Verschleierung dieses Programmes vor der deutschen Öffentlichkeit geht, zeigt ein Blick in *Wikipedia.*

Vergleichen wir zunächst, wie lang die Artikel über Timber Sycamore in den verschiedenen Sprachen sind. Der englische Beitrag befasst sich ausgiebig mit dem Thema und verfügt über 37 Quellenangaben,[177] auf Russisch ist der Artikel kürzer,[178] hat aber immerhin 21 Quellenangaben, und in allen weiteren Sprachen finden sich in den jeweiligen Einträgen bis zu 30 Quellenangaben. Der *Wikipedia*-Artikel auf Deutsch[179] ist einer der kürzesten und hat nur 10 Quellenangaben.

Daher weiß in Deutschland auch niemand allzu viel darüber, das Thema findet in den Medien nicht statt, und selbst *Wikipedia* berichtet so kurz wie nur möglich. Übrigens findet man im *Spiegel*-Archiv gar nichts darüber, eine Suchanfrage dort ergibt 0 (in Worten: null) Treffer. Über die Gründe kann jeder selbst nachdenken und sich die Frage stellen: Ist das Zufall oder gewollt?

Interessant wird es, wenn man sich mit der Operation näher beschäftigt. Wie gesagt wurde die Operation 2012 oder 2013 gestartet, und in ihrem Zuge wurden islamische Rebellen in Syrien mit Waffen versorgt und auch ausgebildet. Es ging darum, sie dabei zu unterstützen, den »Bürgerkrieg« in Syrien anzuheizen und am Ende Assad zu stürzen.

Schon hier bricht die erste Propagandalüge des Westens zusammen: Es heißt ja immer, man würde in Syrien den IS bekämpfen und wolle dort Frieden. Doch der Krieg konnte überhaupt nur deshalb so grausam und blutig werden, weil Saudi-Arabien und die USA die »Rebellen« so massiv unterstützt haben. Und zwar bevor der IS so mächtig wurde, dass man ihn als Vorwand für das westliche Engagement nehmen konnte. Es ging dem Westen immer nur um den Sturz Assads, nie um den Kampf gegen den IS. Das werden wir gleich noch genauer sehen.

Der IS wurde erst 2014 zu einer Macht in Syrien, vorher war er nur eine von vielen kleinen Terrorgruppen dort. Und erst im September 2014 begannen die USA offiziell Angriffe auf den IS zu fliegen. Damit ist schon offensichtlich, dass der Kampf gegen den IS ein nachträglich vorgeschobener Vorwand für die Operation Timber Sycamore war, die bis zu 2 Jahre vorher begonnen hatte.

Als die westlichen Medien über den Beginn der Bombardierung des IS berichteten, war in Deutschland natürlich kein Wort über die vorherige Bewaffnung der Islamisten durch die USA zu lesen. Stattdessen hieß es damals beispielsweise im *Spiegel:*[180]

> Das US-Engagement in der Region bekommt mit den Luftangriffen in Syrien eine neue Dimension. Drei Jahre lang hatte sich US-Präsident Barack Obama gegen den Sog des syrischen Bürgerkriegs gestemmt. Den Einsatz von US-Bodentruppen schloss Obama allerdings aus: »Wir lassen uns nicht in einen neuerlichen Krieg am Boden hineinziehen«, hatte er vor zwei Wochen in einer Rede an die Nation gesagt.

Heute wissen wir, dass Obama damals gelogen hat, denn er schickte Bodentruppen nach Syrien.

Aber zurück zu Timber Sycamore. Die USA haben heimlich mit saudischem Geld Waffen aufgekauft und auf verschiedenen Wegen nach Syrien gebracht. Wem die Waffen dabei in die Hände fielen, war zweitrangig. Wichtig war nur, dass es Gegner von Assad waren. Das werden wir sehen, wenn wir uns gleich die ersten offiziellen Meldungen dazu ansehen. Und als der IS 2014 mächtiger wurde und Ölquellen im Irak und in Syrien in seine Gewalt bekam, hatte er die Möglichkeit, bei anderen Rebellen Söldner inklusive Waffen abzuwerben, und so gelangten die US-Waffen ganz schnell in die Hand des IS.

Folglich wurde dieser, während die vereinte Militärmacht des Westens ab September 2014 angeblich den IS bekämpfte, immer stärker. Und auch reicher, denn er verkaufte das Öl aus den eroberten Ölquellen. Man sprach davon, dass der IS mit dem Ölschmuggel über 3 Millionen Dollar täglich verdiente, das wäre etwa eine Milliarde pro Jahr allein aus dem Ölschmuggel!

In Deutschland war es damals weitgehend unbekannt, dass der IS sich über den Schmuggel von Öl in die Türkei finanzierte. Putin jedoch wies darauf bereits 2014 hin und stellte Fragen, die es nie in die westliche und vor allem deutsche Presse schafften.[181] Er fragte, warum eigentlich niemand die endlosen Kolonnen aus Tanklastern bombardierte, die aus den IS-Gebieten über die syrisch-türkische Grenze rollten. Und er fragte, warum die USA, die sonst gegen alles und jeden Sanktionen und Kontensperrungen verhängen können, nicht die Konten derer sperrten, die das Öl aufkauften und dann damit handelten. Eine Antwort bekam Putin natürlich nicht, und diese peinlichen Fragen wurden von den deutschen Medien nicht aufgegriffen.

Zwar gab es damals den einen oder anderen Bericht in den deutschen Medien, doch darin beschuldigte man Erdoğan und seinen Schwiegersohn, die Finger dabei im Spiel zu haben und sich an dem Schmuggel von Öl zu bereichern.[182] Die entscheidenden Fragen allerdings, warum die Transporte nicht schon in Syrien durch Luftangriffe gestoppt wurden, oder auch warum man nicht gegen die Leute vorging, die den türkischen Zwischenhändlern das Öl abkauften, stellte die deutsche Presse nie. Da Erdoğan damals schon auf der Abschussliste des Westens stand, wurde schlecht über ihn geschrieben, aber der ganze Umfang der Geschichte blieb für die deutschen Leser im Dunkeln. Und die Enttäuschung der deutschen Medien, als im Sommer 2016 der Putsch gegen Erdoğan fehlschlug, war in den Berichten recht offen zu erkennen.

Übrigens zur Erinnerung: Als Russland im September 2015 in Syrien eingriff, wurde das türkisch-russische Verhältnis eisig. Und als die Türkei im November ein russisches Kampfflugzeug abschoss, brach Russland praktisch alle Wirtschaftsbeziehungen zur Türkei ab. Diese besserten sich erst nach dem Putschversuch gegen Erdoğan im Sommer 2016 wieder. Alles deutet darauf hin, dass hinter diesem Putsch die CIA stand, die die Gülen-Bewegung in der Türkei an die Macht bringen wollte, und dass Putin Erdoğan in letzter Minute gewarnt hatte. Das erklärt, warum Erdoğan seitdem den USA die kalte Schulter zeigt und sich an Russland anlehnt.

Da die USA die islamischen Rebellen in Syrien weiterhin mit Waffen versorgten und der IS weiterhin an Einfluss gewann, griff Russland im September 2015 in Syrien ein, bombardierte als Erstes die Tanklaster, die das Öl in die Türkei fuhren, und schnitt den IS von dieser Geldquelle ab. 2 Jahre später hatte eine Allianz aus syrischer Armee, iranischen Einheiten und russischer Luftwaffe den IS in Syrien weitgehend besiegt.

Die ersten Berichte über das geheime Programm der CIA sickerten schon 2015 durch. Wieder war es Putin, der der Öffentlichkeit darüber berichtete, dass die US-Armee einfach Waffen aus Flugzeugen abwarf, ohne sich darum zu kümmern, wer diese Waffen am Boden einsammelte: Hauptsache, sie kamen gegen Assad zum Einsatz. Dass dabei auch der IS kräftig versorgt wurde, ist weitgehend unbestritten.

Obama hatte in der Zwischenzeit versucht, in Syrien eine neue Rebellentruppe aufzubauen, die den USA gehorchen sollte, denn nach mittlerweile 4 Jahren Krieg hatten die bisherigen Gruppen das eigentliche Ziel, nämlich Assad zu stürzen, trotz massiver US-Unterstützung noch immer nicht erreicht. Diese neue Truppe sollte offiziell natürlich ebenfalls den IS bekämpfen. Das Programm war nicht einmal geheim, sondern wurde in den USA öffentlich diskutiert, und es hatte immerhin 500 Millionen Dollar gekostet, diese neue Truppe zu rekrutieren, auszubilden und zu bewaffnen. Blöderweise sind diese neuen Rebellen aber dann zu anderen islamischen Gruppen übergelaufen, auch zum IS, und haben ihre nagelneuen Waffen natürlich mitgenommen.

Als die US-Regierung sich im Oktober 2015 eingestehen musste,[183] dass das Programm ein Fehlschlag gewesen war und man für 500 Millionen Dollar »nicht mehr als eine Handvoll« Rebellen zur Verfügung hatte, wurde es eingestellt.

Im Juni 2016 konnten die USA nicht umhin, zu erkennen, dass ihre Waffen als Nachschub auf dem Schwarzmarkt gelandet waren. So verschwanden zum Beispiel auf der schon erwähnten Transportroute über Jordanien massenhaft Waffen, die sich jordanische Beamte unter den Nagel rissen und mit Gewinn verkauften. Dabei wurden die Waffen auch gegen Amerikaner selbst eingesetzt, zum Beispiel im November 2015, als in Jordanien zwei US-Ausbilder mit eben diesen Waffen erschossen wurden.

Die *New York Times* berichtete darüber ausführlich und zeigte auch die Zusammenarbeit der CIA mit den Saudis auf, wobei sie darauf verwies, dass diese Zusammenarbeit schon Jahrzehnte alt und ein Hinweis auf den Beginn derartiger illegaler Waffengeschäfte in der Iran-Contra-Affäre in den 1980er-Jahren war.[184] Offensichtlich hatte der Skandal um Iran-Contra nichts an der Zusammenarbeit auf dem Gebiet illegaler Waffenlieferungen geändert. Ein Aufschrei von Presse und Politik blieb trotzdem aus, selbst in den USA. In Deutschland war ein solcher ohnehin nicht zu erwarten, denn es gab ja noch nicht einmal Berichte darüber. Und wie soll sich die deutsche Öffentlichkeit über etwas aufregen, wovon sie nichts weiß? Außerdem war Juni 2016, und die Medien beschäftigten die deutsche Öffentlichkeit zu dieser Zeit mit dem Brexit-Referendum.

Aus der *New York Times* erfuhr man, dass sich die Hoffnung der Obama-Regierung, diese Waffenlieferungen unter Kontrolle zu behalten, nicht erfüllt hatte. Die Waffen landeten auf dem Schwarzmarkt, und wer immer es wollte, konnte nach Herzenslust shoppen gehen.

Ab und zu, wenn auch sehr selten, gab es doch mal einen Hinweis in Deutschland. So berichtete die *Süddeutsche* im September 2017 über Timber Sycamore, über die Transportroute des Waffenschmuggels über Rammstein und darüber, wie die USA dabei deutsche Gesetze gebrochen hatten und die Bundesregierung ihre Augen ganz fest davor verschlossen hatte. Eigentlich ein Skandal, aber haben Sie davon gehört, dass die »kritischen« deutschen Medien Aufklärung gefordert hätten? Oder dass die Parteien im Bundestag einen Untersuchungsausschuss gefordert hätten? Wenn die Bundesregierung sich unwissend gab und derart schwere Verstöße der USA gegen deutsches Recht zuließ, ging es juristisch gesehen immerhin um Beihilfe durch Unterlassung.

In der *Süddeutschen Zeitung* hieß es damals:[185]

> Das US-Militär hat offenbar zeitweise über seinen Stützpunkt im rheinland-pfälzischen Ramstein Waffen und Munition aus Osteuropa an syrische Rebellen geliefert. Da entsprechende Genehmigungen der Bundesregierung fehlten, haben die Amerikaner womöglich deutsches Recht gebrochen. [...]
>
> Die Bundesregierung beteuert, von Waffenlieferungen über deutsches Territorium nach Syrien nichts zu wissen – dabei gibt es schon seit einiger Zeit Hinweise auf das fragwürdige Treiben der Amerikaner.

> Die US-Regierung hat in mehreren unterschiedlichen Programmen syrische Rebellen mit Ausbildung und Waffen unterstützt. Über ein Programm des Auslandsgeheimdienstes CIA unter dem Codenamen *Timber Sycamore* wurden die Freie Syrische Armee (FSA) und andere vorab als politisch unbedenklich eingestufte Gruppen für den Kampf gegen Präsident Baschar al-Assad trainiert und mit Waffen versorgt. Präsident Barack Obama hatte das Programm 2013 nach langen Diskussionen in der Regierung genehmigt [...] Obamas Nachfolger Donald Trump hat dieses Programm Anfang Juli auf Empfehlung der CIA beendet.

Alles vorher Gesagte wird hier also bestätigt. Es war ein Programm gegen Assad, nicht gegen den IS, wie man der Öffentlichkeit später weismachen wollte. Und ganz nebenbei wurden dabei auf deutschem Boden deutsche Gesetze gebrochen, ohne dass es die deutsche Regierung interessiert hätte. Auch kein Staatsanwalt hat Ermittlungen aufgenommen.

Es gibt wie gesagt noch viele weitere solche Beispiele, bei denen die westlichen Medien bewusst Informationen verschweigen, die für die US-Regierung (oder den US-geführten Westen insgesamt) unangenehm sind.

Warum muss ich dabei sofort wieder an die CIA-Operation Mockingbird denken, die doch angeblich schon vor über 40 Jahren eingestellt wurde?

Nachwort

Lückenpresse und Lügenpresse

Zum Abschluss dieses Buches will ich noch eine These wiederholen, die Lesern meiner bisherigen Bücher oder meiner Website *Anti-Spiegel* bekannt sein dürfte. Es geht um die Vorwürfe, die westlichen Medien seien »Lückenpresse« oder »Lügenpresse«.

Was ist schlimmer, Lücken- oder Lügenpresse?

In meinen Augen ganz eindeutig »Lückenpresse«, denn wenn die Menschen etwas nicht wissen, weil die Medien ihnen wichtige Informationen verschweigen, können die Menschen überhaupt nicht verstehen, was vor sich geht.

Nehmen wir das Beispiel der CIA-Operation Timber Sycamore, die den Syrienkrieg ausgelöst hat. Sie wird in Deutschland sorgsam verschwiegen, weil die Erzählung, der Syrienkrieg sei durch spontane Proteste der sogenannten »Zivilgesellschaft« in Syrien ausgelöst worden, nicht mehr haltbar wäre, wenn die Menschen von dieser Operation und der Bewaffnung von Islamisten durch die CIA mit Ziel des Sturzes von Assad wüssten.

Anders ist es bei Lügen, denn Lügen können die Menschen erkennen, und die Lügen der Medien haben dazu geführt, dass viele deutsche Medien die Kommentarfunktion unter Artikeln abgeschaltet haben, damit die Proteste der Leser nicht öffentlich sichtbar sind.

Doch wenn die Menschen etwas nicht einmal wissen, weil die »Lückenpresse« ihnen wichtige Informationen konsequent vorenthält, dann können sie die Lügen der Medien gar nicht erst erkennen, geschweige denn dagegen protestieren.

Damit wären wir wieder am Beginn dieses Buches angelangt, denn auch die CIA-Operation Mockingbird wird von deutschen Medien konsequent unter den Teppich gekehrt. Offenbar hat man Angst davor, dass die Menschen fragen könnten, warum niemand dafür bestraft wurde und ob Mockingbird seitdem nicht vielleicht unter anderen Namen fortgesetzt wird.

Dass das de facto so ist, wollte ich in diesem Buch aufzeigen.

Endnoten

Sämtliche Links in den Quellenangaben waren bei Redaktionsschluss online zugänglich.

Möglicherweise haben Seitenbetreiber in der Zwischenzeit Links hinter einer Paywall versteckt. Dies liegt nicht im Verantwortungsbereich von Autoren und Verlag. Für Links, die nach der Veröffentlichung von den Seitenbetreibern gelöscht oder verändert wurden, übernehmen Autor und Verlag keine Verantwortung. Manche verloren gegangene Links können mithilfe der Wayback Machine im Internet Archive aufgefunden werden: *https://archive.org/web/*.

1 *https://www.carlbernstein.com/the-cia-and-the-media-rolling-stone-10-20-1977.*

2 Ebd.

3 Ebd.

4 Ebd.

5 *https://archive.org/details/finalreportofsel01unit.*

6 *https://spyscape.com/article/the-cias-hidden-comic-strip-a-50-year-mystery-solved.*

7 *https://www.spiegel.de/politik/von-loia-zu-loiita-a-e269e85a-0002-0001-0000-000043065697.*

8 *https://www.sueddeutsche.de/politik/umgang-mit-nationalsozialismus-bleierne-zeit-1.2619246.*

9 *https://www.munzinger.de/search/go/document.jsp?id=00000004186.*

10 *https://de.wikipedia.org/wiki/Evan_Gershkovich.*

11 *https://www.bloomberg.com/news/articles/2019-02-25/maduro-may-hold-millions-in-baidilda-fund-opposition-says.*

12 *https://web.archive.org/web/20190226003036/https://www.bloomberg.com/news/articles/2019-02-25/maduro-may-hold-millions-in-baidilda-fund-opposition-says.*

13 *https://www.spiegel.de/kultur/gesellschaft/gekaufte-meinung-pentagon-beschaeftigt-pr-armee-fuer-us-tv-a-548519.html.*

14 *https://www.tagesanzeiger.ch/27-000-pr-berater-polieren-image-der-usa-631302390683.*
15 *https://www.spiegel.de/kultur/gesellschaft/gekaufte-meinung-pentagon-beschaeftigt-pr-armee-fuer-us-tv-a-548519.html.*
16 *https://www.tagesanzeiger.ch/27-000-pr-berater-polieren-image-der-usa-631302390683.*
17 Ebd.
18 *https://www.independent.co.uk/news/world/us-government-pentagon-fake-al-qaeda-propganda-videos-a7348371.html.*
19 *https://anti-spiegel.com/2020/weiteres-beispiel-fuer-zensur-video-mit-telefonstreich-mit-norbert-roettgen-in-deutschland-gesperrt/.*
20 *https://www.washingtonpost.com/archive/opinions/1991/09/22/innocence-abroad-the-new-world-of-spyless-coups/92bb989a-de6e-4bb8-99b9-462c76b59a16/.*
21 *https://anti-spiegel.ru/2021/ein-telefonat-zeigt-wie-die-regimechange-spezialisten-der-us-regierung-arbeiten/.* Das YouTube-Video mit der Aufzeichnung des Telefonats wurde inzwischen gelöscht.
22 Siehe dazu auch Thomas Röper: *Die Ukraine Krise 2014 bis zur Eskalation,* Schorndorf, 2022.
23 *https://www.reuters.com/article/us-usa-russia-aid/u-s-aid-agency-plans-framework-to-counteract-russia-influence-globally-idUSKCN1RL1UE.*
24 *https://www.unian.info/world/10609152-usaid-presents-framework-for-countering-malign-kremlin-influence.html.*
25 *https://pressroom.rferl.org/about-us.*
26 *https://www.state.gov/r/pa/prs/ps/2019/03/290146.htm.*
27 *https://web.archive.org/web/20240811142247/https://corporate.dw.com/de/wer-finanziert-die-deutsche-welle/a-279073.*
28 *https://web.archive.org/web/20160808053917/https://www.rt.com/facts-vs-fiction/.*
29 Udo Ulfkotte: *Gekaufte Journalisten: Wie Politiker, Geheimdienste und Hochfinanz Deutschlands Massenmedien lenken,* Rottenburg 2014.
30 *https://www.project-syndicate.org/about.*
31 Ebd.
32 *https://www.welt.de/debatte/kommentare/plus236588873/George-Soros-Die-groesste-Bedrohung-der-freien-Gesellschaft-ist-China.html.*
33 *https://www.spiegel.de/wirtschaft/unternehmen/george-soros-warnt-vor-aufstieg-chinas-freie-gesellschaften-bedroht-a-933dc442-855d-458d-8284-86cfa958363d.*
34 *https://www.georgesoros.com/2022/01/31/george-soros-on-china-remarks-delivered-at-the-hoover-institution/.*
35 Ebd.
36 Ebd.

37 Ebd.
38 *https://www.spiegel.de/ausland/coronavirus-wie-sich-die-pandemie-mit-50-milliarden-dollar-beenden-liesse-a-ced5adc3-bdc0-4377-96b5-5033a40f2d00.*
39 *https://healthpolicy.duke.edu/sites/default/files/2021-08/USEPCR%20Cover%20letter_FINAL_For%20Distribution.pdf.*
40 *https://web.archive.org/web/20210923090701/https://www.tagesschau.de/ausland/amerika/us-impfkampagne-101.html.*
41 Thomas Röper: *Inside Corona: Die Pandemie, das Netzwerk & die Hintermänner,* Gelnhausen-Roth 2022.
42 *https://www.gatesfoundation.org/about/committed-grants.*
43 *https://web.archive.org/web/20240506034821/https://anti-spiegel.com/2021/der-spiegel-und-die-millionen-von-bill-gates-der-anti-spiegel-nervt-das-ehemalige-nachrichtenmagazin/.*
44 *https://thegrayzone.com/2021/11/21/bill-gates-million-media-outlets-global-agenda/.*
45 Im englischen Originaltext sind alle Zahlen einzeln verlinkt. Diese Links führen auf die folgende Website: *https://www.gatesfoundation.org/about/committed-grants.*
46 *https://www.gatesfoundation.org/about/committed-grants.*
47 *https://philanthropynewsdigest.org/news/gates-foundation-viacom-partner-to-insert-educational-messages-into-television-programming.*
48 *https://www.mintpressnews.com/bill-gates-oxford-ditched-plans-open-source-covid-19-vaccine/274698/.*
49 *https://www.gatesfoundation.org/about/committed-grants?q=oxford%20university.*
50 *https://ourworldindata.org/covid-vaccinations.*
51 *https://www.scientificamerican.com/article/bill-gates-should-stop-telling-africans-what-kind-of-agriculture-africans-need1/; https://www.theguardian.com/global-development/2018/sep/18/the-african-youth-boom-whats-worrying-bill-gates.*
52 *https://www.theguardian.com/global-development/poverty-matters/2010/sep/29/gates-foundation-gm-monsanto.*
53 *https://x.com/LinseyMcgoey; https://www.versobooks.com/products/129-no-such-thing-as-a-free-gift.*
54 *https://www.icfj.org/icfj-donor-privacy-policy.*
55 *https://www.icfj.org/sites/default/files/2021-10/ICFJ%202020%20FS.pdf.*
56 *https://www.icfj.org/sites/default/files/2022-05/ICFJ_Impact%20Report.pdf.*
57 *https://www.gatesfoundation.org/about/committed-grants?q=International%20Center%20for%20Journalists.*
58 *https://www.gatesfoundation.org/about/committed-grants/2016/11/opp1163336.*

59 *https://web.archive.org/web/20240506213924/https://anti-spiegel.com/2022/wer-bekommt-eigentlich-all-die-milliarden-die-die-eu-fuer-den-kampf-gegen-covid-19-ausgibt/.*

60 Thomas Röper: *Inside Corona: Die Pandemie, das Netzwerk & die Hintermänner,* Gelnhausen-Roth 2022.

61 *https://www.gatesfoundation.org/about/committed-grants/2007/10/opp48731.*

62 *https://correctiv.org/ueber-uns/finanzen/.*

63 *https://correctiv.org/ueber-uns/gremien/.*

64 *https://www.spiegel.de/netzwelt/web/corona-krise-verschwoerungstheoretiker-hetzen-gegen-bill-gates-a-0a6cbe14-22a7-40de-a149-8e8c0ddfef1a.*

65 Thomas Röper: *Inside Corona: Die Pandemie, das Netzwerk & die Hintermänner,* Gelnhausen-Roth 2022.

66 *https://www.poynter.org/ifcn/.*

67 *https://www.poynter.org/major-funders/.*

68 *https://www.gatesfoundation.org/about/committed-grants?q=poynter.*

69 *https://correctiv.org/in-eigener-sache/2022/01/12/offener-brief-an-youtube-ceo-von-weltweiten-faktencheck-organisationen/.*

70 *https://sif.gatesfoundation.org/portfolio/.*

71 *https://www.gatesfoundation.org/about/committed-grants?q=le%20monde.*

72 *https://www.gatesfoundation.org/about/committed-grants?q=British%20Broadcasting%20Corporation.*

73 *https://www.gatesfoundation.org/about/committed-grants?q=bbc.*

74 *https://www.gatesfoundation.org/about/committed-grants/2021/11/inv036270.*

75 *https://www.gatesfoundation.org/goalkeepers/.*

76 Thomas Röper: *Inside Corona: Die Pandemie, das Netzwerk & die Hintermänner,* Gelnhausen-Roth 2022.

77 *https://www.gatesfoundation.org/about/committed-grants?q=spiegel.*

78 *https://www.gatesfoundation.org/about/committed-grants/2021/10/inv032089.*

79 *https://web.archive.org/web/20240506034807/https://anti-spiegel.com/2021/der-spiegel-erhaelt-weitere-29-millionen-dollar-von-bill-gates/.*

80 *https://www.gatesfoundation.org/about/committed-grants/2018/12/opp1203082.*

81 *https://gruppe.spiegel.de/news/pressemitteilungen/detail/spiegel-online-startet-neues-projekt-globale-gesellschaft.*

82 *https://www.spiegel.de/backstage/fragen-und-antworten-zur-foerderung-durch-die-bill-and-melinda-gates-stiftung-a-dac661f6-210a-4616-b2d2-88917210fed4.*

83 *https://web.archive.org/web/20240505191511/https://anti-spiegel.com/2020/bill-gates-spendet-dem-spiegel-23-mio-euro-wie-unabhaengig-kann-der-spiegel-sein/.*

84 *https://web.archive.org/web/20211109094807/https://www.spiegel.de/backstage/fragen-und-antworten-zur-foerderung-durch-die-bill-and-melinda-gates-stiftung-a-dac661f6-210a-4616-b2d2-88917210fed4.*

85 *https://www.spiegel.de/backstage/fragen-und-antworten-zur-foerderung-durch-die-bill-and-melinda-gates-stiftung-a-dac661f6-210a-4616-b2d2-88917210fed4.*

86 *https://www.spiegel.de/thema/globale_gesellschaft/.*

87 *https://www.reporter-ohne-grenzen.de/fileadmin/Redaktion/Dokumente/Jahresberichte/Jahresbericht_2020_RSF.pdf.*

88 *https://web.archive.org/web/20240506092957/https://anti-spiegel.com/2021/reporter-ohne-grenzen-wie-der-westen-sich-selbst-ein-gutes-zeugnis-ausstellt/.*

89 *https://rsf.org/en/finance-and-supports.*

90 *https://rsf.org/en/our-supporters.*

91 *https://www.reporter-ohne-grenzen.de/ueber-uns/kuratorium.*

92 *https://www.reporter-ohne-grenzen.de/fileadmin/Redaktion/Downloads/Ranglisten/Rangliste_2021/Methodik_Rangliste_der_Pressefreiheit2021_-_RSF.pdf.*

93 *https://www.reporter-ohne-grenzen.de/fileadmin/Redaktion/Downloads/Ranglisten/Rangliste_2022/RSF_Methodik_Rangliste_der_Pressefreiheit_2022.pdf.*

94 *https://www.spiegel.de/kultur/deutschland-rutscht-in-rangliste-der-pressefreiheit-der-reporter-ohne-grenzen-weiter-ab-a-6ca3c052-2509-4180-8a24-caa368629217.*

95 *https://www.reporter-ohne-grenzen.de/rangliste/rangliste-2022.*

96 *https://www.transparency.org/en/what-is-corruption.*

97 *https://www.faz.net/aktuell/politik/inland/substantia-ag-hotel-unternehmer-spendet-fdp-1-1-millionen-euro-1912513.html.*

98 *https://www.transparency.org/en/news/how-cpi-scores-are-calculated.*

99 *https://www.transparency.org/en/the-organisation/who-supports-us.*

100 *https://www.spiegel.de/wirtschaft/soziales/korruptionsbekaempfung-in-deutschland-kommt-laut-transparency-international-nicht-voran-a-4b5c9aac-39a6-4077-9e81-894cf65db694.*

101 *https://www.euractiv.de/section/innenpolitik/news/transparency-international-ungarn-ist-das-korrupteste-land-der-eu/.*

102 *https://web.archive.org/web/20240505221554/https://anti-spiegel.com/2021/dokumentarfilm-auf-arte-ueber-bellingcat-entpuppt-sich-als-sehr-plumpe-propaganda/.*

103 *https://web.archive.org/web/20220727200800/https://deutsch.rt.com/international/144359-geheimdienst-mission-gescheitert/.*

104 *https://www.svoboda.org/a/fsb-ukrainskie-spetssluzhby-hoteli-podkupiv-pilota-ugnatj-samolyot-rf/31958418.html.*

105 *https://anti-spiegel.com/2021/spiegel-partner-bellingcat-wie-westliche-regierungen-und-geheimdienste-die-faeden-ziehen/.*

106 *https://www.bellingcat.com/about/.*

107 *https://web.archive.org/web/20200408094234/https://www.adessium.org/documents/annual-report-2017.pdf.*

108 Das National Endowment for Democracy (NED) kennen wir schon. Und auch das NED ist ein Finanzier von Bellingcat.

109 *https://opencorporates.com/companies/nl/70283621.*

110 *https://www.bellingcat.com/app/uploads/2020/08/Bellingcat-Foundation-Annual-Accounts-2019.pdf.*

111 *https://web.archive.org/web/20190305151049/https://www.pressgazette.co.uk/bellingcat-to-establish-new-office-in-the-hague-after-e500000-funding-win-through-dutch-postcode-lottery/.*

112 *https://www.stiftungauxilium.ch/de/home/.*

113 *https://web.archive.org/web/20100903043003/https://www.sigrid-rausing-trust.org/Grantees/Current-Grantees?grantees_AbcField=Grantee.title&grantees_AbcFilter=B.*

114 *https://kkassiyet.files.wordpress.com/2017/06/digital-srt-962-annual-report-2016-aw.pdf.*

115 *https://twitter.com/EliotHiggins/status/828554441485869056?ref_src=twsrc%5Etfw.*

116 *https://web.archive.org/web/20240506062211/https://anti-spiegel.com/2018/russisches-militar-die-rakete-mit-der-mh17-abgeschossen-wurde-war-aus-ukrainischen-bestanden/.*

117 *https://www.dwds.de/wb/Oligarch.*

118 *https://de.wikipedia.org/wiki/Stiftung.*

119 *https://sif.gatesfoundation.org/portfolio/.*

120 *https://taz.de/Stiftungsfinanzierter-Journalismus/!5656369/.*

121 *https://www.spiegel.de/backstage/fragen-und-antworten-zur-foerderung-durch-die-bill-and-melinda-gates-stiftung-a-dac661f6-210a-4616-b2d2-88917210fed4.*

122 Ebd.

123 *https://www.cambridge.org/core/journals/perspectives-on-politics/article/testing-theories-of-american-politics-elites-interest-groups-and-average-citizens/62327F513959D0A304D4893B382B992B.*

124 *https://web.archive.org/web/20250414151630/ttps://www.youtube.com/channel/UCQWqzh6Wcc_2mkBJ5sy3SqA.*

125 *https://web.archive.org/web/20191204124605/https://twitter.com/MDRpresse/status/1202206436450873345.*

126 *https://jungefreiheit.de/debatte/interview/2018/der-sachse-machts-maul-auf-2/.*

127 *https://www.spiegel.de/kultur/tv/uwe-steimle-mdr-trennt-sich-von-umstrittenem-kabarettisten-a-1299690.html.*

128 *https://web.archive.org/web/20190629010511/https://www.ndr.de/fernsehen/sendungen/zapp/Uwe-Steimles-Antwortschreiben-an-ZAPP,steimle104.html.*

129 *https://de.wikipedia.org/w/index.php?title=Uwe_Steimle&oldid=142987267.*

130 *https://www.shz.de/top-thema/fernsehkabarett-da-wo-der-antisemitismus-blueht-id9907466.html.*

131 *https://www.spiegel.de/netzwelt/web/wikipedia-gruender-jimmy-wales-sind-wir-einladend-genug-a-1294830.html.*

132 *https://www.theguardian.com/world/2003/nov/14/israel2.*

133 *https://www.hamoked.org.il/items/6082.pdf.*

134 *https://mondediplo.com/2003/11/02israel.*

135 *https://www.theguardian.com/world/2003/nov/14/israel2.*

136 *https://www.spiegel.de/politik/ausland/geheimes-gefaengnis-uno-untersucht-foltervorwuerfe-gegen-israel-a-623053.html.*

137 *https://de.wikipedia.org/w/index.php?title=Anlage_1391&oldid=29128068.*

138 *https://de.wikipedia.org/w/index.php?title=Anlage_1391&offset=&limit=500&action=history.*

139 *https://www.hrr-strafrecht.de/hrr/eugh/18/c-508-18.php.*

140 *https://de.wikipedia.org/w/index.php?title=Gladio&oldid=3525299.*

141 *https://de.wikipedia.org/w/index.php?title=Gladio&oldid=34603282.*

142 *https://de.wikipedia.org/w/index.php?title=Gladio&oldid=128837059.*

143 *https://de.wikipedia.org/w/index.php?title=Gladio&oldid=129117513.*

144 *https://stats.wikimedia.org/#/ru.wikipedia.org/contributing/active-editors-by-country/normal%7Cmap%7Clast-month%7C(activity-level)~5..99-edits%7Cmonthly.*

145 *https://dserver.bundestag.de/btd/20/058/2005822.pdf.*

146 *https://www.spiegel.de/politik/monster-microsoft-a-0448870a-0002-0001-0000-000007838555.*

147 *https://web.archive.org/web/20230308143717/https://pleiteticker.de/geheim-liste-enttarnt-diese-journalisten-von-ard-und-zdf-lassen-sich-von-der-regierung-bezahlen/.*

148 *https://web.archive.org/web/20230310205555/https://pleiteticker.de/verfassungsrechtlicher-rupert-scholz-zu-gekauften-journalisten-korrumpierung-dessen-was-man-die-vierte-gewalt-nennt/.*

149 *https://web.archive.org/web/20230310205555/https://pleiteticker.de/peter-hahne-ueber-gekauften-journalisten-kein-kritischer-journalismus-mehr/.*

150 *https://dserver.bundestag.de/btd/20/058/2005822.pdf.*

151 Udo Ulfkotte: *Gekaufte Journalisten: Wie Politiker, Geheimdienste und Hochfinanz Deutschlands Massenmedien lenken,* Rottenburg 2014.

152 *http://www.pirp.harvard.edu/pubs_pdf/o%27neill/o%27neill-i01-3.pdf.*

153 *https://web.archive.org/web/20190821122157/https://personal.utdallas.edu/~bxt043000/Motivational-Articles/Big_Data-Have_we_seen_it_before.pdf.*

154 *https://medium.com/insurge-intelligence/how-the-cia-made-google-e836451a959e.*

155 *https://web.archive.org/web/20190821122157/https://personal.utdallas.edu/~bxt043000/Motivational-Articles/Big_Data-Have_we_seen_it_before.pdf.*

156 *https://web.archive.org/web/20150124100454/http://citeseerx.ist.psu.edu/viewdoc/download?doi=10.1.1.36.2806&rep=rep1&type=pdf.*

157 *https://web.archive.org/web/20030801175255/http://www.keyhole.com/press_releases/20030625.html.*

158 *https://www.wsj.com/articles/SB109888284313557107.*

159 *https://web.archive.org/web/20201027115819/https://www.iqt.org/news/expect-labs-announces-strategic-investment-and-technology-development-agreement-with-in-q-tel/.*

160 *https://www.businessinsider.com/companies-funded-by-cia-2016-9.*

161 *https://www.faz.net/aktuell/wirtschaft/personalwechsel-chefin-von-pentagon-forschungsagentur-geht-zu-google-11682438.html.*

162 *https://www.handelsblatt.com/unternehmen/management/building-8-leiterin-regina-dugan-die-gedankenleserin-verlaesst-facebook/20472446.html.*

163 *https://www.thesun.co.uk/news/9373135/google-exec-secretly-recorded-stop-trump-election-2020/.*

164 *https://blog.youtube/news-and-events/supporting-the-2020-us-election.*

165 *https://web.archive.org/web/20240505231924/https://anti-spiegel.com/2022/ist-facebook-ein-kind-der-us-geheimdienste/.*

166 *https://www.nytimes.com/2003/05/30/us/pentagon-explores-a-new-frontier-in-the-world-of-virtual-intelligence.html.*

167 *https://web.archive.org/web/20240505231915/https://anti-spiegel.com/2019/anhoerung-im-us-senat-wie-internetkonzerne-ueber-10-millionen-waehlerstimmen-manipulieren-koennen/.*

168 *https://web.archive.org/web/20240505231930/https://anti-spiegel.com/2022/wie-hunter-bidens-laptop-biowaffen-in-der-ukraine-und-die-us-wahl-2020-zusammenhaengen/.*

169 *https://web.archive.org/web/20240505231906/https://anti-spiegel.com/2020/insgesamt-ueber-4-mrd-dollar-die-groessten-korruptionsfaelle-von-joe-biden/.*

170 *https://x.com/lhfang/status/1605292454261182464.*

171 *https://www.spiegel.de/ausland/35-jahre-nach-dem-blutbad-was-wissen-die-chinesen-vom-tiananmen-massaker-a-b4a8c895-46f6-4702-8ac3-c30778017950.*

172 *https://de.wikipedia.org/wiki/Tian'anmen-Massaker.*

173 *https://nsarchive2.gwu.edu//NSAEBB/NSAEBB16/documents/32-01.htm.*

174 *https://www.nytimes.com/1989/06/21/world/a-reassessment-of-how-many-died-in-the-military-crackdown-in-beijing.html.*
175 *https://www.cbsnews.com/news/there-was-no-tiananmen-square-massacre/.*
176 *https://www.bbc.com/news/world-asia-china-42465516.*
177 *https://en.wikipedia.org/wiki/Timber_Sycamore.*
178 *https://ru.wikipedia.org/wiki/Timber_Sycamore.*
179 *https://de.wikipedia.org/wiki/Timber_Sycamore.*
180 *https://www.spiegel.de/politik/ausland/usa-fliegen-mit-partnern-luftangriffe-in-syrien-a-993170.html.*
181 *https://www.youtube.com/watch?v=QyELMvd-QOI.*
182 *https://www.dw.com/de/der-is-die-t%C3%BCrkei-und-der-%C3%B6l schmuggel/a-18889708.*
183 *https://www.nytimes.com/2015/10/10/world/middleeast/pentagon-program-islamic-state-syria.html.*
184 *https://www.nytimes.com/2016/06/27/world/middleeast/cia-arms-for-syrian-rebels-supplied-black-market-officials-say.html.*
185 *https://www.sueddeutsche.de/politik/us-waffenlieferungen-heikle-fracht-aus-ramstein-1.3663289.*

Über den Autor

Thomas Röper, geboren 1971, hat als Experte für Osteuropa in Finanzdienstleistungsunternehmen in Osteuropa und Russland Vorstands- und Aufsichtsratspositionen bekleidet. Heute lebt er in seiner Wahlheimat St. Petersburg. Er ist bereits seit über 15 Jahren in Russland ansässig und spricht fließend Russisch. Die Schwerpunkte seiner medienkritischen Arbeit sind das (mediale) Russlandbild in Deutschland, die Kritik an der Berichterstattung westlicher Medien im Allgemeinen und die Themen (Geo-)Politik und Wirtschaft.